느낌별로
움직이는
생활 손글씨

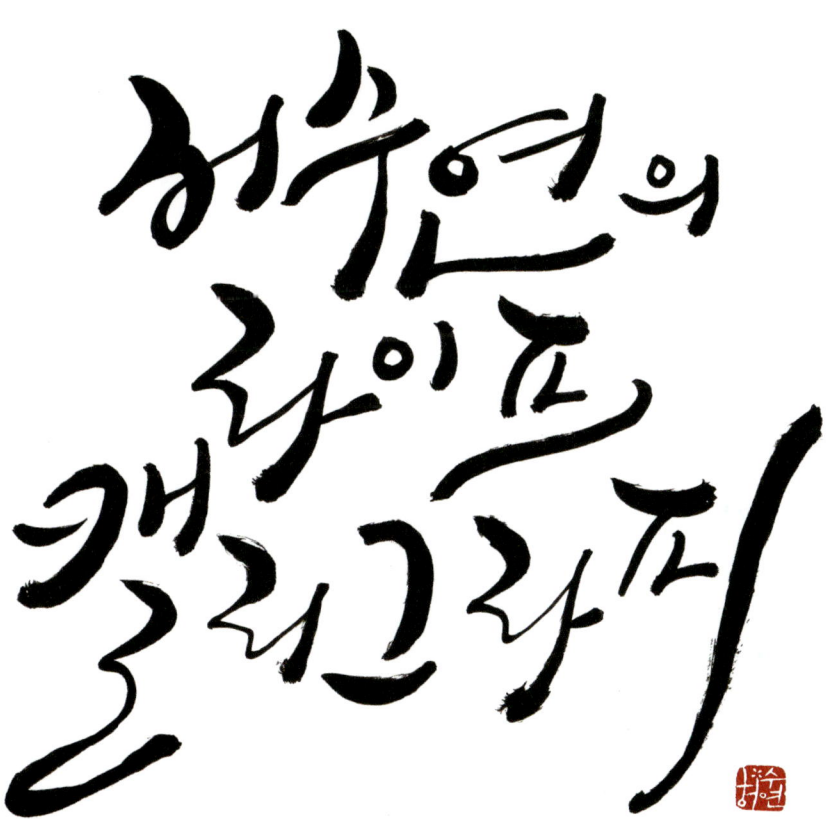

허수연 저

DIGITAL BOOKS since 1999
www.digitalbooks.co.kr

느낌별로 움직이는 생활 손글씨

허수연의 라이프 캘리그라피

| 만든 사람들 |

기획 IT · CG 기획부 | **진행** 한윤지, 유명한 | **집필** 허수연 | **편집 디자인** studio Y | **표지 디자인** studio Y

| 책 내용 문의 |

도서 내용에 대해 궁금한 사항이 있으시면,
디지털북스 홈페이지의 게시판을 통해서 해결하실 수 있습니다.

디지털북스 홈페이지 : www.digitalbooks.co.kr
디지털북스 페이스북 : www.facebook.com/ithinkbook
디지털북스 카페 : cafe.naver.com/digitalbooks1999
디지털북스 이메일 : digital@digitalbooks.co.kr
저자 페이스북 : www.facebook.com/heosuyeonatelier
저자 블로그 : www.hshu.co.kr
저자 이메일 : hshugraphy@naver.com

| 각종 문의 |

영업관련 hi@digitalbooks.co.kr
기획관련 digital@digitalbooks.co.kr
전화번호 02 447-3157~8

대한민국에서 태어나
생활과 일을 하나로 하고 싶어
캘리그라피로 인생을 바꾼,
그리고 한글을 사랑하는
저는, 허수연입니다.

말하는대로
생각한대로
느끼는대로
Calligraphy
캘리그라피

With
H.SHU
허슈

무조건이라는 말,
언제나 항상은 어렵잖아요.
무조건이 가능하도록
캘리그라피가 무조건 좋은 친구가 되도록
애썼습니다.

그리고,
저는 무조건 허수연입니다.

개구리
올챙이적
생각하면서
썼어요

처음 시작할 때를 생각하면서,
캘리그라피를 처음 시작하는 분들의 마음으로
그 입장에서 한 번 두 번 세 번 생각하면서 책을 쓰기 시작했습니다.
잘하는 사람이 잘한다고 자랑하는 책이 아니라,
나도 할 수 있었으니, 이 책과 함께 하시면
여러분도 충분히 할 수 있다고 전하고 싶었습니다.

그리고, 여러분들의 생활 속에서
캘리그라피가 아직 남은 오늘을 채우고 기댈 수 있는
좋은 친구가 되길 바랐습니다 :)

CONTENTS

시작하는 말

다들 미쳤다고 했다.

캘리그라피를 시작할 때 주변의 반응이었습니다. 평범한 회사원이라 불리던 제가 캘리그라피 아티스트와 선생님이란 이름을 가지기 전까지 꿈틀대는 모습을 보고 많은 사람들은 갸우뚱했었어요. 그러다 책을 쓰겠다고 했을 땐, 잘됐다는 응원이 끊이질 않았습니다. 할 수 있다고 믿어주었습니다. 무엇이 그들이 저를 할 수 있는 존재로 믿게 했을까요?

저는 제가 할 수 있고 없고는 중요치 않은 사람이었어요. 무조건 덤비고 시도해보는 사람이었습니다. 아니, '없고'가 되지 않는 사람이기도 해요. 하지만 책은 달랐어요. '책'임감이 저를 엄습해왔습니다.

그래서 오랜 시간 검증했습니다. '아, 내가 할 수 있는 일인가?' 나는 이 책을 통해 무엇을 전할 수 있는가. 내가 전하는 것은 보는 이들에게 어떤 효과를 불러일으킬 것인가. 확실한 건 없었습니다. 하지만, 확신은 있었습니다. 책을 쓰기로 결정했지만 잘 풀리지 않던 시점에 어느 특강에서, 최고의 책은 말과 글과 삶이 일치했을 때 탄생한다는 것을 듣게 되었습니다. 아, 맞아 맞아. 그때부터 책 쓰는 것이 어렵지 않았습니다. 왜냐하면, 제가 주고자하는 것도 여러분에게 제가 한 그대로, 제가 느낀 그대로, 제가 하고 있는 그대로일 뿐이니 기록만 하면 되는 것이었어요. 제가 편안하게 하지만 정성스럽게 썼다면 보는 여러분들에게도 제 정성이 편안하게 잘 전달될 것이라 믿습니다.

이 책은 캘리그라피에 대한 스킬과 표현도 중요하지만, 여러분이 어떻게 입문하는지에 대한 이끌림을 더 중요하게 생각할 거예요. 느낀 것을 뱉어내고 싶고, 뱉어낸 것들을 누군가에게 전하고 싶어지는 것. 간지럽지만, 주는 기쁨 같은 것을 저도 여러분들에게 알려 '주고' 싶습니다. 좋아서 시작하는 공부였으면 좋겠어요. 공부보다는 놀이였으면 좋겠고. 놀이가 선물이 되었으면 좋겠습니다. '아, 그렇구나 + 아, 이럴 수가'도 있었으면 좋겠습니다. 머리맡에 두었다가 자기 전에 쓱 보고 잠들 수 있는 책이었으면 좋겠고, 소중한 사람에게 무언가를 주고 싶을 때, 스르륵 넘겨보면 여러분에게 무언가 떠올림을 줄 수 있는 책이면 좋겠습니다.

지금 생각해보니 참 마법 같은 이야기네요.
하지만,
저는 여러분의 움직임을 통해 확인하고 싶습니다.

준비 같은 건 필요 없어요.
이제 책장의 넘김을 멈추지 못하게 될 것임을 믿어요.
간단하게 말해 캘리그라피는 정답이 없습니다. 정확한 답이 없다는 거예요. 저는 이 책을 통해, 이 책을 들여다보는 여러분들에게 엄청난 기술이나 깨우침을 줄 수는 없을 수도 있습니다. 또한, 주어서 좋을 수도 있지만 좋지 않을 수도 있지요. 언제나 그 경우의 수에는 노출이 되어 있으니 한번 해볼 만하지 않을까요.

아시는 분은 아시고, 모르시는 분은 모르시겠지만,

제 이름은 '허수연'입니다.
회사를 처음 설립할 때, '허수연연구소'라고 회사 이름을 짓고 (저는 어렸을 때부터 자신의
이름을 따 회사 이름 짓는 것을 멋지다고 생각해왔어요.) 회사 이름을 캘리그라피로 써 넣
어 명함을 만들었습니다.

한 번은 이런 적이 있습니다.
큰 회사의 대표님을 만나 뵈러 갔는데, 허수연연구소의 '허'가 고개를 숙여 자신감이 없어
보일 수 있는 것 같다며 왜 이렇게 썼냐고 물으시더군요. 저는 겸손함이라고 표현했습니
다. 다른 사람의 어려움을 낮은 자세로 이해하고, 올라갈 곳만 바라보고 만족하는 것이 아
니라, 스스로 항상 겸손한 자세를 갖고 싶다고……. 제 설명을 들으신 대표님은 그제야
고개를 끄덕이셨습니다.

사실, 캘리그라피는 이런 것 같아요. 글씨를 잘 쓰고 못 쓰고가 아닌 것은 물론, 글씨에 감
정을 넣는 것이 귀엽게, 또는 날카롭게 쓴 것이라고 아주 단순하게 설명하는 것은 재미도
없고, 와 닿지 않을 수 있습니다.

자신만의 철학은 물론, 어떻게 표현하고 설명하느냐도 중요한 포인트가 되지요. 이 책을
통해 표현할 수 있는 방법을 발견하고, 그 방법을 이용해 자신의 생각을 글씨에 투입하면
됩니다. 자신의 생각이 들어간 글씨들은 곧 누군가에게 감동이 되기도, 열정이 되기도, 자
랑이 되기도 하니까요. 이런 경험은 생각 또는 자신감이 많이 필요한데요, '나는 악필인데
할 수 있을까'라는 주저함보다는 자신의 생각을 곱게 기록하는 좋은 친구를 만났다고 생각
하며 툭 터놓고 시작해 보시길 바랍니다!

응원합니다. 책 속에서도, 책 밖에서도.

가. 가능성을 봅시다

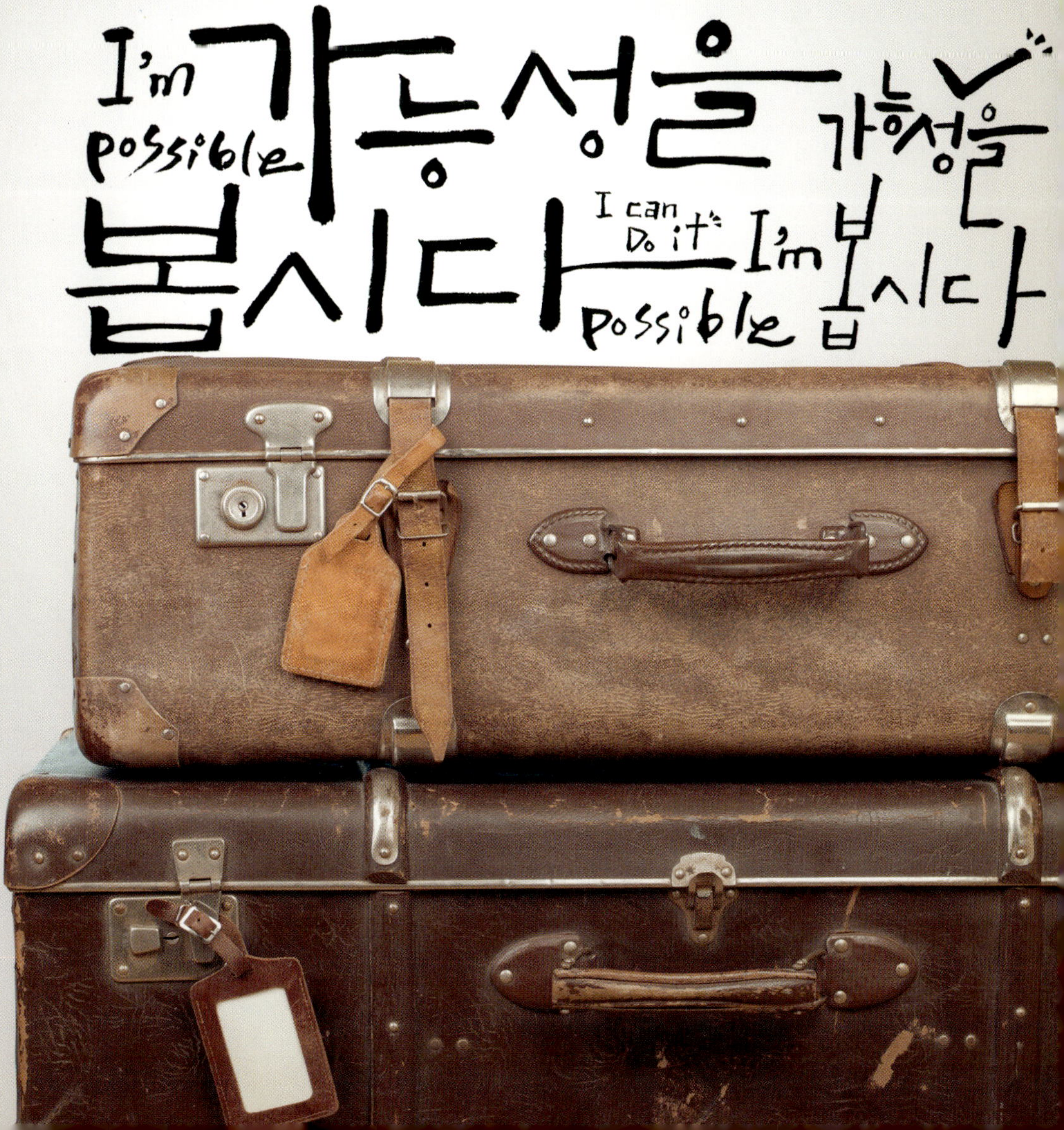

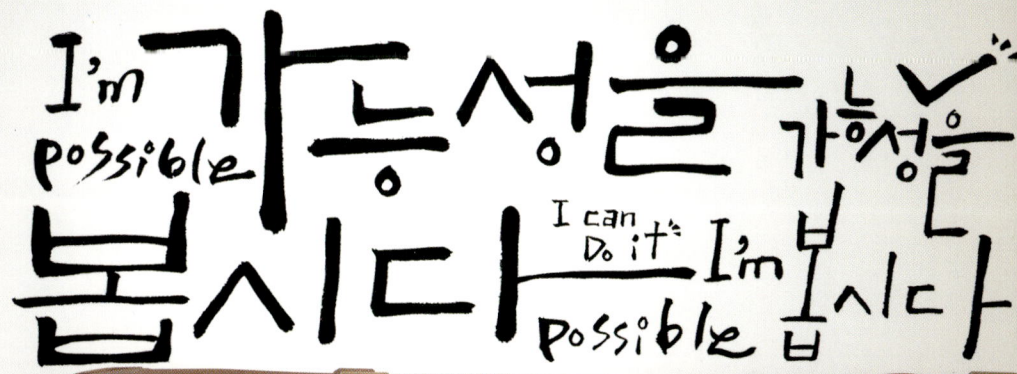

월급쟁이
회사원

캘리그라퍼
디자이너
&
CEO로
변신

미쳐서 저지른
일일지도 모릅니다

캘리그라피가 도대체 뭔지도 쉽게 알 수 없는 시기였어요. 시작은 호기심에서 출발했습니다. 홍대였어요. 우연히 길거리에서 캘리그라피를 접한 회사원 허수연은 그 감동에서 헤어 나올 수가 없었습니다. 머릿속이 핏줄 개수만큼 쪼개져 멈춘 듯했어요. 캘리그라피를 알게 된 그 날부터 혼자 수도 없이 자료를 찾아보고 어설프나마 붓을 들어 연습을 시작하는 고군분투. 그리고는 회사 동료와 선배들에게 뻔뻔하리만큼 당당한 전달이 이어졌습니다. 지금 생각하면 피식 웃음이 날 정도로 당돌함과 배짱 넘치는 글씨였지만, 그 어설픈 당돌함은 훗날 저에게 엄청난 에너지가 되었습니다. 할 수 없다는 강박에서 할 수 있다는 무한의 힘이 되기까지 분명 엄청난 무언가가 제게 들어온 것이었어요.

지금 생각하면 그것은 관심과 의지였습니다. 맛있어 보이는 음식이 있으면, 훔쳐 먹는 것이 아니고서야 먹어봐야하지 않겠나……. 아니, 극도로 치달을 땐 훔쳐서라도 먹어야 하는 경우도 생깁니다. 그렇게 간절함으로 시작한 에너지는 지금의 제게 대붕의 날개가 되어 주었습니다. 저는 대학시절 무역과 경제를 공부했으며, 한때 반도체 무역회사를 다녔던 이력이 있습니다. 미대를 나오고, 유학을 다녀오고의 프로필은 없어요. 이것이 제가 여러분에게 하고 싶은 이야기입니다. 세상이 원하는 프로필로 제가 현재 이 일을 하고 있다면 여러분에게 줄 수 있는 막막함도 한층 더 크지 않았을까요? 회사를 다닐 때 저에겐 항상 문제적 고찰이 있었습니다. 자아성찰이라는 딱딱한 코드가 바로 그것이었는데요, 캘리그라피가 곧잘 그것에 대한 통로가 되어 주었습니다.

통로라고 말하면 너무 얌전하고, 오바이트 정도가 돼야 할까요.
그래서 저는 여러분에게 제가 만만해보였으면 좋겠습니다. 나도 하면 하지 뭐!

'이 정도면 잘 썼지!'
바로 이것이 캘리그라피를 배우는 여러분에게 제가 원하는 '가장 기본이 되는 자세'입니다.

캘리그라피
"Calligraphy"

가능성이라는 것은 그렇게 출발합니다. 가능성可能性의 사전적 의미는 '앞으로 실현될 수 있는 성질'입니다. 불가능성이 아니라 가능성이라는 포인트만 보아도 이것은 곧 희망적이라는 이야기가 되지요. 자, 가능성을 보기 위해서는 가능성의 대상이 무엇인지 아는 것이 가장 중요합니다. 그것을 파악해야 가능성이라는 모색도 할 수 있지 않겠어요?

저는 강의를 통해 많은 사람들을 만나는 편인데, 빈번하게 나오는 질문 중에는 이런 것들이 있습니다.

"선생님, 이거 타고나야 할 수 있는 것 아닌가요?"
"선생님, 이거 미술적 감각이 없는 사람도 할 수 있는 건가요?"
"선생님, 아무래도 한계가 있겠죠…?"

두려운 것은 많습니다.
내가 될까? 할 수 있을까? 라는 의심도 끊이지 않습니다. 캘리그라피에는 조형미, 손의 감각 등이 포함되는 것도 맞습니다. 하지만 이것이 전부가 아닌 것은 물론이며 캘리그라피에 대한 시야를 넓히고 기술과 감성을 세세하게 조합하면 얼마든지 이룰 수 있습니다.

믿기 힘드신가요? 그럼 해보면 될 것 아닐까요?

그렇다면 두근거리는 마음을 가라 앉히고 잠시 캘리그라피의 기본 개념에 대해 살펴볼게요.

캘리그라피 'Calligraphy' 중 'Calli'의 어원은 그리스어입니다. 그리스어로 '아름답다'는 의미를 지니지요. 캘리그라피는 한마디로 아름다운 서체라고 할 수 있어요. 그러나 제가 생각하는 캘리그라피의 의미는 '감정이 담긴 손글씨'라고 생각해요.

간지럽게 말하면 '마음으로 쓰는 손글씨', '감정으로 쓰는 손글씨' 등등일 것 같네요. 이렇게 표현하는 가장 큰 이유는 말 그대로 글씨에 감정을 담기 때문입니다. 캘리그라피의 가장 큰 오해 중의 하나가 '잘 쓴 글씨'라고 아주 단순하고 간단한 개념을 적용하는 경우입니다. 틀린 말은 아니에요. 보기 좋고 잘 쓴 글씨를 캘리그라피라고 할 수 있습니다.

그러나 서예 중에 고도의 가독성을 지녔으면서도 조형미가 잘 나타난 판본체, 고풍스러운 궁서체의 느낌만 가지고 캘리그라피를 설명할 수는 없습니다. 단순히 잘 읽히고 잘 쓴 글씨가 캘리그라피의 전부를 설명할 수 없는 것과 같아요. 다시 한 번 말하지만 제가 생각하는 캘리그라피는 글씨 안에 자신이 전달하고자 하는 감정을 넣는 작업입니다. 직접적으로 말하면 '사랑해'와 '증오해'가 전혀 다르게 표현되는 것과 같아요. 같은 문자, 같은 단어라도 자신이 넣고자 하는 감정에 따라 달라질 수 있는 것입니다.

예시를 살펴볼게요.

이처럼, 캘리그라피는 감정과 연결되는 지점이 중요합니다. 이곳에서 다시 가능성을 생각해볼 수 있겠네요. 우리는 다양한 감정을 가지고 있고, 경우에 따라 다양한 감정을 표출합니다. 캘리그라피도 그렇습니다. 우리 생활, 또는 필요에 의한 여러 표현이 바로 그것이죠.

이 책에 관심이 있다는 것은 캘리그라피에 관심이 생겼다는 것이고, 다양한 감정은 이미 여러분 안에 내재되어 있고, 누군가에게 주고 싶고 잘 표현해서 내 곁에 두고 싶다는 욕망이 생겼다면 이제 그것으로 충분합니다. 제가 말을 너무 쉽게 한다고 생각하세요? 아, 글쎄, 해보라니까 그래요. 할 수 있다니까요.

나. 나도 이렇게 했는데 YOU도 할 수 있어요!

캘리그라피로
다가서는 준비

세상에 하나뿐인 특별한 글씨인 캘리그라피를
쓰기 위한 준비 과정을 알아봅니다. 캘리그라피
를 쓰기 위한 기본 도구와 스킬 및 연습 방법을
다뤄볼 거예요.

세상에 하나뿐인
글씨라니

자, 이제 캘리그라피를 시작할 마음이 생겼으니 준비해야 할 것들을 살펴볼게요. 말 그대로, 스탠바이.

[고유성]　제가 캘리그라피를 처음 접했을 때 가장 매력적이었던 부분은 똑같지 않다는 것이었습니다. 캘리그라피는 특수성도 있지만, 고유성도 짙습니다. 같은 작가라도 같은 글씨를 1mm도 다르지 않게 똑같이 쓸 수는 없다는 것이죠.

꽤 매력적인 부분이지 않나요? 세상에 하나뿐인 글씨라니……. 그 고유성에 첫눈에 반했습니다. 누군가에게 전할, 혹은 내가 남기는 세상에 하나뿐인 글씨는 매력적이지 않을 수 없지요. 그렇기 때문에 스스로의 고유 글씨가 중요한 것입니다. 저는 그 동안 수많은 강의를 해왔지만 단 한 번도 수강생들에게 제 글씨와 똑같이 쓰는 것을 바라지 않았습니다. 자신의 글씨가 메이크업 되는 것이 맞다고 생각했기 때문이죠.

[고유한
의미의 캘리]　캘리그라피의 특별하고 소중한 고유성을 알았다면, 기본적으로 준비해야 할 무기들을 알려드릴게요.
내 안에 준비할 것 (이것 또한 중요한 재료입니다.)

첫째, 가장 중요한 것은 자신감입니다.

내가 어떻게 이런 걸 할 수 있을까? 글씨에 감정을 담아 써서 뭐하냐? 같은 회피와 도피성 마인드는 다 접어버려야 합니다. 할 수 있다는 마음가짐이 중요한데, 여기는 약간의 무모함도 포함됩니다.
사실 이 책을 보고 붓을 들기까지는 매우 어렵고 시간이 오래 걸릴지도 모릅니다. 그러나 한번 붓을 들기 시작하면 자꾸 생각나고 멈출 수 없을 거예요. 무슨 영문일까요? 바로, 자신을 투영하고 표현하는 즐거움입니다. 이 즐거움의 맛을 한번 보게 되면 점차 늘어가는 캘리그라피 표현이 눈에 보이게 될 거예요.

둘째, 편안함입니다.

마음속에 '내가 캘리그라피를 마스터하고 말겠다' 같은 것이 있다면 과감히 내려놓으시길! 캘리그라피는 느끼는 것이 중요합니다. 캘리그라피를 타파하고 말겠다는 딱딱한 다짐보다는 가슴으로 느끼려 하는 말랑하고 가벼운 마음이었으면 좋겠습니다. 저 또한 여러분에게 어렵게 설명할 생각은 없습니다. 제가 했던 대로, 여러분에게 조금 더 가까이 다가가서 찬찬히 가르쳐드릴 것이니 너무 서두르거나 조바심내지 않아도 돼요. 편안하게 붓을 잡아봅시다.

셋째, 내가 악필이었다는 생각은 잊기입니다.

많은 사람들이 캘리그라피의 문 앞에서 이런 걱정을 합니다.
"선생님……. 저는 악필인데, 제가 캘리그라피를 할 수 있을까요?"
여기서 파괴해야할 것이 바로 기본 개념입니다. 캘리그라피는 글씨를 잘 쓰고 못 쓰고의 영역이 아니에요. 자신의 감정을 글씨에 어떻게 녹아들게 하느냐 입니다. 감정이란 좋고 나쁘고로 표현할 수 있는 것이 아니라 단순히 다 다른 것일 뿐인데 그것을 인정하기까지 참 많은 시간이 걸립니다. 아래의 예시를 통해 다양한 캘리그라피를 살펴볼게요.

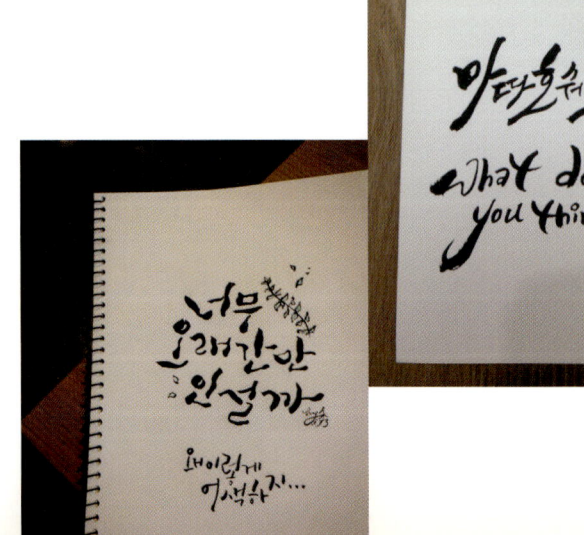

함께 살펴본 것과 같이 캘리그라피는 단순히 글씨를 잘 쓰는 것이 아니라, 자신의 생각을 글씨로 표현하는 것입니다. 그렇다면 여기서 더 쉬울 수도, 더 어려울 수도 있다는 포인트를 짚어볼 수 있지요. 캘리그라피로 표현하고 그게 어떤 의미를 내포하고 있는지, 왜 그렇게 썼는지 설명할 수 있다는 그것이 캘리그라피라고 저는 생각합니다. 물론 갖춰야 할 조형미와 자신의 철학 등도 중요하겠지요. 이런 것들이 적절히 조합된 여러분의 고유한 캘리그라피를 만들 수 있도록 도와드리는 것이 저와 이 책이 갖는 목표입니다.

넷째, 혼자만의 시간이 필요합니다.

저도 평소에 혼자만의 시간을 갖는 것이 여간 어려운 일이 아닙니다. 우리가 일주일 동안 오롯이 혼자 보내는 시간이 얼마나 될까요? 한번 생각해 봅시다. 만약 그런 시간이 없다면 혼자 시간을 보내기에 아주 좋은 방법을 추천할게요.
바로 캘리그라피입니다. 혼자서 글씨를 쓰고, 누군가에게 선물할 상상을 한다거나 내 노트에 남겨지는 나의 글씨는 우리에게 커다란 위로가 됩니다. 그래서인지 저에게 강의를 들었던 대다수의 사람들이 '자기치유'의 효과가 있다는 말을 많이 합니다. 간략한 단계를 생각해 볼게요.

1. 내가 캘리그라피로 표현할 공감이 가는 글을 찾거나, 생각한다.
2. 캘리그라피로 직접 표현해본다.
3. 내가 이런 글씨를 쓰다니……. 자신의 작품에 감탄한다.
4. 누군가에게 줄 계획이었다면 그 사람을 상상하거나, 반응을 예상하며 즐거운 설렘에 빠진다.

우리는 위와 같은 과정을 캘리그라피를 쓸 때마다 반복할 수 있습니다.

이 얼마나 아름답고 설레는 일인가요? 이는 제가 실제로 경험했으며, 캘리그라피 표현의 가장 기본이 되는 부분이라고 볼 수 있어요. 그렇기 때문에 캘리그라피는 여러분에게 좋은 취미로, 좋은 시간으로, 좋은 표현으로, 좋은 선물로 연결될 수 있는 것이지요.
제발 부탁이니, 쫄지 마시길!
할 수 있어요! 물론, 한 번에 되지는 않을 수도 있습니다!
하지만 천천히 생각해 보세요!
쌓여서 이룬 것이 훨씬 매력적이지 않던가요?
우리는 일회용품을 만드는 것이 아니라, 백년 이백년이 지나도 그 가치를 인정받는 고려청자 빚는 일을 하는 거예요. 자신감을 가지시길!

한글에 대한 자긍심

캘리그라피 강의를 할 때 첫 시간마다 한글에 대한 이야기를 꼭 해드리는데, 이것은 제가 이 일을 하게 된 계기와 연관이 많기 때문입니다. 저는 한글을 아끼고 사랑하며 긍지를 갖고 있는 사람입니다. 전 세계에 자국의 문자를 갖고 있는 민족은 많지 않습니다.

한글에 대한 이야기를 잠깐 해볼게요. 한글은 '큰글'이라고도 불리며, 창제 시기, 창제 목적 등이 분명하게 알려져 있는 유일한 문자입니다. 게다가 한 나라의 왕이 기득권이 아닌 백성을 위해서 문자를 만든 일은 유일무이합니다. 다른 나라의 문자들은 전래되어 내려온 반면, 목적을 가지고 만들어진 최초의 문자는 우리 한글이 유일한 것입니다. 세종대왕님이 문자를 만들어야겠다는 생각을 하게 된 시초도 백성들이 글을 몰라 억울하게 벌 받게 되는 것이 안타까워서였는데 그런 애민사상이 기본으로 깔려 있어서인지 한글은 익히기 쉬운 문자로도 잘 알려져 있습니다.

便편安한킈 호·고·져 홇 ·ᄯᆞ·ᄅᆞ·미니·라

사ᄅᆞᆷ:마·다 :ᄒᆡ·여 :수·비 니·겨 ·날·로 ·ᄡᅮ·메

새·로 ·스·믈여·듧字ᄍᆞ·ᄅᆞᆯ 밍·ᄀᆞ·노·니

·내 ·이·ᄅᆞᆯ 為·윙·ᄒᆞ·야 :어엿·비너·겨

:몯홇 노·미 하·니·라

ᄆᆞᄎᆞᆷ:내 제·ᄠᅳ·들 시·러 펴·디

니·르고·져 ·홇·배 이·셔·도

이런젼·ᄎᆞ·로 어·린 百·ᄇᆡᆨ姓·셩·이

文문字ᄍᆞ·와·로 서르 ᄉᆞᄆᆞᆺ·디 아·니ᄒᆞᆯ·ᄊᆡ

나·랏:말ᄊᆞ·미 中듀國·귁·에 달·아

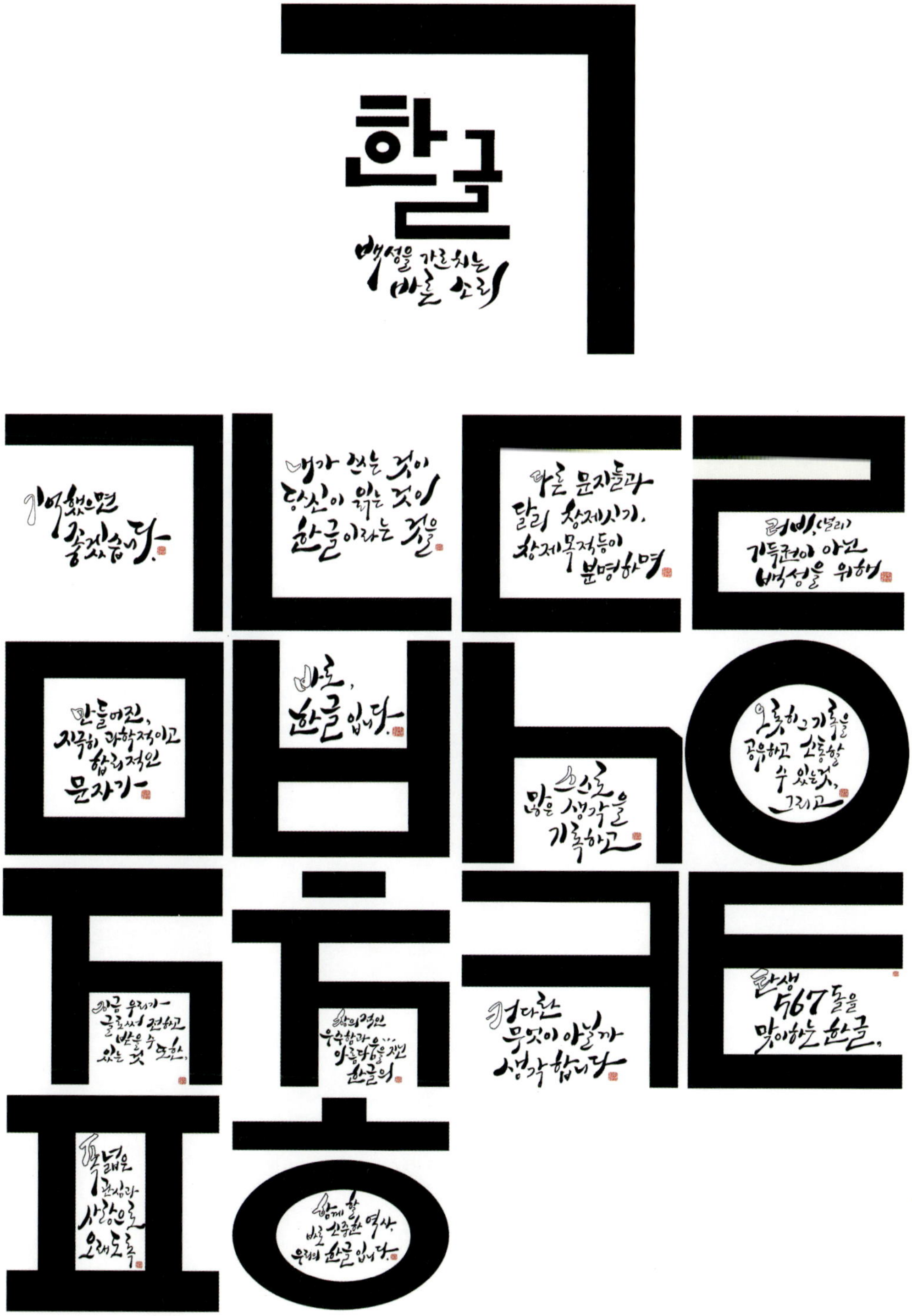

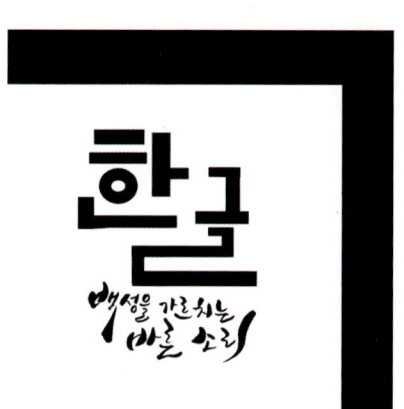

실제로 외국인들에게 한글을 가르쳐보면 빠르면 하루, 늦어도 일주일에는 대부분을 깨칩니다. 이것 또한 한글의 큰 힘이죠. 이 모든 것이 백성이 쉽게 깨우치고, 빠르게 적용할 수 있도록 심혈을 기울인 세종대왕님의 덕이 아닐까요? (저는 세종대왕님을 가장 존경하며, 삶의 본보기상으로 삼고 있어요.)

그래서인지, 매년 유네스코(UNESCO)에서 문맹퇴치를 위해 애쓴 단체 또는 개인에게 주는 상 이름이 '세종대왕 문해상(UNESCO King Sejong Literacy Prize)'입니다. 한글은 이와 같이 전 세계적으로 수많은 언어학자들에게 최고의 문자로 칭송 받고 있지요. 한글에 대해 더 궁금하다면 관심을 갖고 알아보시길 추천합니다.

저도 한글에 대해 관심이 많아, 관련 다큐와 도서를 자주 참고하곤 합니다. 또한 한글에 대한 자긍심과 감사가 넘쳐서 매년 한글날엔 광화문에 계시는 세종대왕님(동상)께 절을 하고 오기도 합니다. 이것은 존경과 감사의 의미죠. 한 4년째 된 것 같은데, 처음엔 돌아가신 분이니까 절을 두 번 했었어요. 그러다 이 내용과 사진을 페이스북에 올렸더니 어느 분이 왕에게는 절을 네 번 하는 거라고 댓글을 달아주셔서 그 이후로는 네 번씩 하고 있습니다. 2013년부터 한글날은 공휴일로 지정되어 그 뜻과 가치를 더욱 견고하게 되새기는 시간을 가질 수 있게 되었죠. 감사하고 존경하는 것은 여러분들의 몫이나, 이런 부분을 알려드리는 것은 또 제가 생각하는 저의 몫이기에 소박하나마 전해드립니다.

제가 한글을 좋아하고 존경하면서 찾아 본 자료 중에 흥미 있었던 것을 하나 소개할까 합니다. 바로 조선시대 임금님들의 글씨예요. 임금님의 성격이나 표현을 잘 알지는 못하나, 왠지 글씨에서 느껴지는 기품이 남다릅니다. 저는 이것을 보고 있으면 옛 시대 사람들과 소통하는 기분이 들어서 참 좋더라고요. 아직 보지 못한 여러분들에게도 소개합니다.

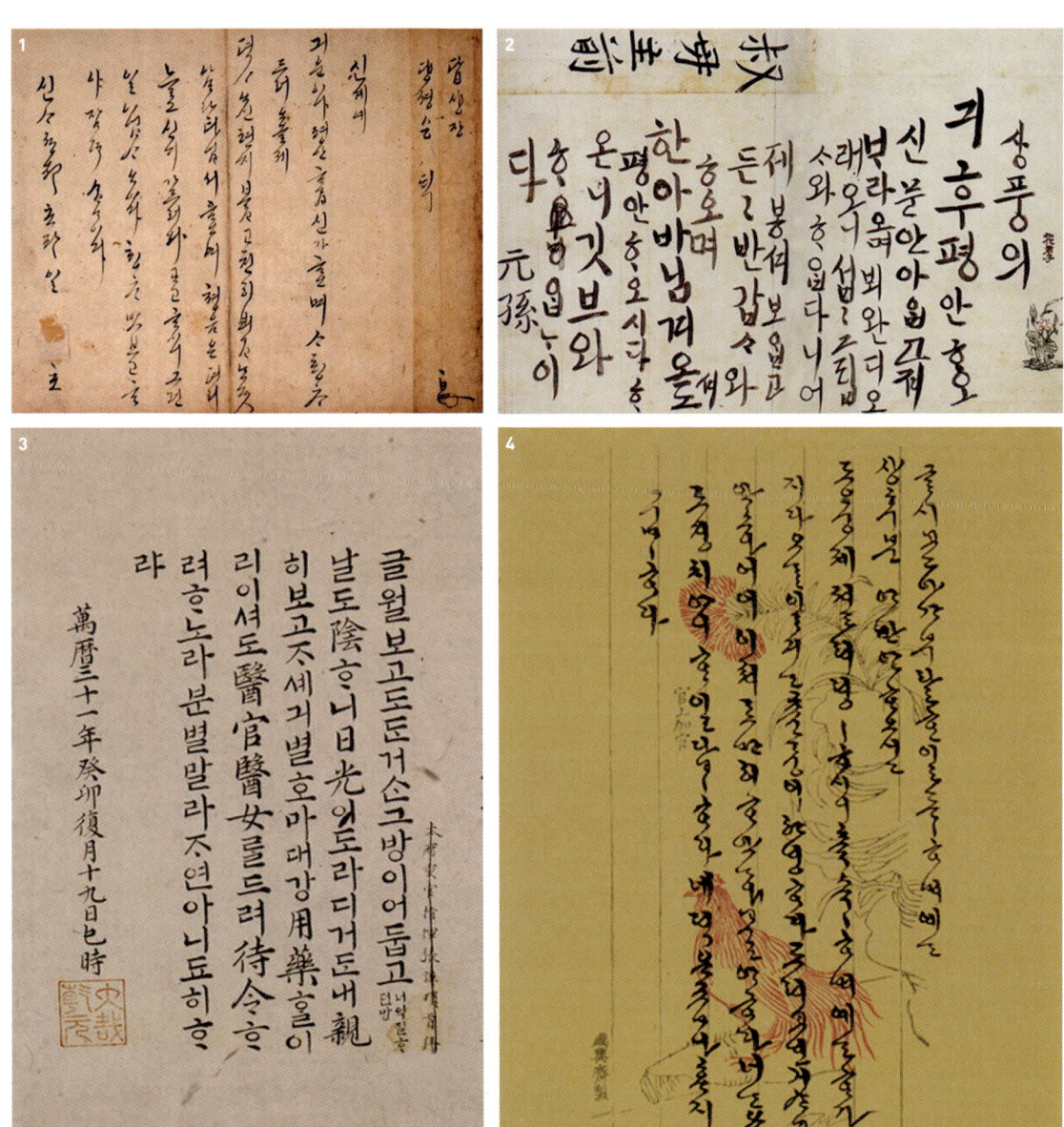

기본 준비물

03

내적 스탠바이가 되었다면 이제 손으로 만지고 눈으로 볼 수 있는 장치들을 준비해보겠습니다. 저는 이 책에서 여러분에게 다양한 도구의 다양한 표현을 소개할 예정이에요. 그러나 그 중에서도 기본이 되는 준비물들이 있습니다. 아래의 것들을 살펴볼게요.

[종이] 되도록 한 권의 노트로 준비합니다. 노트는 코팅되어 잉크가 먹지 않는 종이는 좋지 않아요. 매끄러운 재질, 즉 먹물이나 잉크가 스며들지 않는 종이는 번지거나 스치는 등의 붓의 느낌을 제대로 살릴 수 없기 때문이죠. 매끄러운 재질의 종이 노트만 아니라면 어떤 것도 좋습니다. 하지만, 낱장으로 돌아다니는 종이에 연습하는 것은 추천하고 싶지 않아요. 지금의 어설픈 글씨도 시간이 지나고 모이면 엄청난 기록이 되어 새로운 느낌으로 다가오기 때문이죠. 예로부터 아주 실력 있는 서예가들의 글씨도 초안이 더 값비싸게 책정되는 것처럼 말입니다. 그 이유는 현재 유명하고 실력 있는 서예가들도 처음의 글씨는 다시 쓰려고 해도 못 쓴다는 희소가치에 있습니다. 현재 잘 쓰지 못하는 글씨도 자신의 소중한 발자취 그대로 남게 되는 것이지요. 그리고 노트에 제목을 꼭 붙여 주세요. 나의 포트폴리오를 만드는 것처럼 애정이 담긴 마음이 중요하기 때문입니다. 예를 들면, '허수연의 감성 충만 캘리그리피'와 같은……. 간지러울수록 좋아요!

[도구] 캘리그라피는 쓰는 도구의 제한이 없다는 것이 큰 특징입니다. 저 또한 서예붓, 붓펜, 마카, 만년필, 아이라이너, 립스틱, 연필, 볼펜, 이쑤시개, 빨대, 나뭇가지, 빗자루 등등 손에 들고 글씨를 표현할 수 있는 도구라면 어떤 것이든 상관없었어요. 이 책에서는 느낌에 따라 도구를 선택할 수 있도록 하겠습니다. 하지만, 기본 도구는 있어야겠죠? 편의성 높은 붓펜을 준비해보세요.

이 책에서 제가 추천하는 도구는 여러분이 일반적으로 알고 있는 붓펜과 조금 다를 수 있습니다. 이 붓펜은 붓처럼 붓모가 그대로 살아 있는 붓펜으로, 붓과 가장 흡사한 붓펜이에요. 사실 많은 캘리그리퍼 그리고 저 역시 캘리그라피 작업 시 먹물과 서예붓으로 작업을 하는데 사실 먹물과 서예붓하고 가까워지기란 여간 힘든 일이 아닙니다. 한 번 작업을 하기 위해 신문지를 깔아야 하고, 먹물이 옷에 묻지 않게 하기 위해 신문지를 뒤집어써야 하고, 누군가 옆에 오지 못하도록 주의를 줘야 하죠. 이런 번거로움은 여러분이 붓을 자주 드는 것이 적잖이 힘들 것이라는 예상을 하게 합니다. 그러나 그렇다고 해서 서예붓과 먹물이 좋지 않다는 것은 아닙니다. 이 부분을 꼭 짚고 넘어가야 해요. 서예붓과 먹물은 표현할 수 있는 영역이 붓펜보다 훨씬 넓지만 여러분의 편의성과 작업의 연속성을 위해 붓펜을 추천합니다. 그래서 기본이 되는 도구는 다음과 같습니다.

Pentel 붓펜 GFKP + 무지 노트

위의 도구 중, 이 책에서 가장 기본으로 사용할 도구는 Pentel 붓펜 GFKP입니다. 저에게 캘리그라피를 배우는 많은 분들에게 추천하는 도구인데 붓이 표현할 수 있는 대부분의 표현을 할 수 있게 도와주는 아주 친절한 붓펜이죠. 제가 소개할 스킬 또한 이 붓펜이기 때문에 할 수 있는 것들이 많습니다. 하지만, 한 가지 오해하면 안 되는 것은 이 붓펜이 캘리그라피 펜이라고 오해하는 것입니다. 이 펜이 곧 캘리그라피 펜인 것은 아닙니다. 〈식객〉의 저자인 허영만 만화가가 이 펜으로 그림을 그리는 것을 보았습니다. 실제로, 이 펜으로 그림을 그리는 사람도 있고, 글씨를 쓰는 사람도 있고, 저처럼 캘리그라피를 하는 사람도 있어요. 따라서 이 펜은 단순히 캘리그라피 펜이 아니라는 사실을 짚고 넘어가려 합니다.

pentel GFKP는 이렇게 구성되어 있습니다. 쉽게 볼 수 있는 펜 형태의 붓펜과 리필잉크 4개로 구성되어 있어요.

펜의 뚜껑을 열어보면 아직 붓촉이 하얗습니다. 새것은 아직 잉크를 끼워 넣기 전이기 때문에, 붓이 하얗죠.
붓펜의 밑 부분을 열어서 리필잉크 4개중 하나를 화살표 방향으로 끼워 넣습니다. 위에 보시면 중간에 투명한 부분이 보이시죠? 이 부분이 안 보일 정도로 꾹 끼워주세요. '딱' 소리가 날거예요.

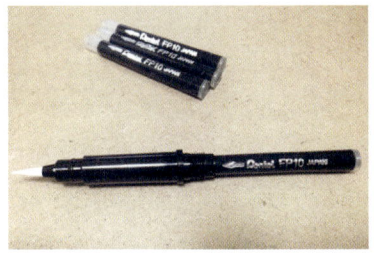

잘 끼워진 모양입니다. 투명한 부분이 보이지 않도록 꾹 끼워져 있습니다. 이 점을 꼭 유의하세요. 꽉 끼워지지 않으면 잉크가 잘 나오지 않고 잉크가 밑 부분에 끼여 버리는 경우가 있거든요.

밑 부분을 다시 끼워서 잠그고 펜을 흔들어 주면 곧 붓이 까맣게 변한 걸 볼 수 있어요. 이제 잉크가 나오기 시작하는 거예요.

붓펜을 사용하시다가 잘 안 나오는 느낌이 들면 붓 아랫부분을 열어서 잉크 상태를 확인해주세요. 잉크가 없는 게 보일 겁니다. 그러면 위와 같은 방법으로 잉크를 다른 잉크로 교체해주시면 됩니다.

Pentel GFKP는 잉크를 교체해서 사용하는 방식이기 때문에 오래 사용할 수 있고, 붓모도 잘 정비되어 있어서 처음 시작하시는 분들이 사용하시기에 아주 좋습니다. 또, 리필잉크만 별도로 구매가 가능하기 때문에 오래 사용할 수 있다는 장점도 있어요. 저의 추천 도구 Pentel 붓펜 GFKP으로 캘리그라피에 대한 새로운 경험을 함께해 보시길 바랍니다.

이 붓펜 외에도 도구는 여러 가지가 있습니다. 도구를 바꾸면 캘리그라피의 느낌도 달라지기 때문에 다양한 도구는 다양한 느낌을 표현하는 데에 필요한 요소이기도 하죠. 앞으로 맞는 도구를 추천하고, 활용하는 법을 소개해드리도록 하겠습니다.

캘리그라피 표현 기본 스킬

04

캘리그라피를 표현할 때 가장 기본이 되는 것은 어떤 감정을 투입하느냐 입니다. 아래 기본 루트를 살펴볼게요.

아, 내일이 내 친구 생일이구나! 친구를 위한 캘리그라피를 써야지!

1. 친구에게 어떤 문구를 전할지 결정한다.
2. 그 문구를 어떤 느낌으로 쓸지 생각한다.
3. 어떤 위치에 어떤 도구로 쓸지에 대해 고민한다.
4. 기본 스킬을 이용하여 캘리그라피를 완성한다.

예쁘다, 하고 싶다, 주고 싶다, 라는 감탄사가 연이어 나오지만 '그런데 기본 스킬은 뭐지?' 라는 물음도 떠오를 거예요. 기본 스킬은 반복해서 튀어나오는 것들이니 꼼꼼히 살펴보고 유용하게 사용하시길!

캘리그라피 기본 표현 스킬

1. **굵기**
2. **크기**
3. **방향**
4. **균형미**
5. **직선과 곡선**

기본 스킬에 대해 크게 분류하면 위와 같습니다. 위의 스킬들은 캘리그라피를 표현할 때 항상 적용되는 것이 아니라 선택할 수 있는 유동성을 지닙니다. 그럼 어떤 것이 있는지 하나하나씩 세부적으로 살펴보도록 할게요.

굵기
굵기는 글씨체의 다양한 굵기 표현을 말합니다. 글씨가 일관적인 굵기의 선을 갖고 있을 때보다 각기 다른 굵기를 형성하고 있으면 캘리그라피가 좀 더 풍성해보이고 입체감 있어 보이는 것을 느낄 수 있습니다. 물론 어떤 느낌을 줄 건지에 따라 굵기의 사용 비율 또는 사용을 하고 안 하고가 달라질 수 있지요.

그렇기 때문에 굵기는 글씨를 입체적으로, 또는 풍성하게 보여주는 데에 큰 역할을 합니다. 굵기가 제대로 사용되지 않으면 뭔가 밋밋하고, 재미가 없어 보이는 경향이 있어요. 이런 점을 참고하여 앞으로 느낌마다 여러 형태의 굵기를 표현할 수 있도록 합시다.

이때, 굵기의 사용은 어떤 규칙이 있는 것이 아니라, 자신이 전체 구조를 보고 선택하는 것이 좋은데 TIP을 드리자면 아래와 같습니다. 한번 쓰윽 훑어보도록 해요.

- 전체 문구 중 자신이 중요하다고 강조하고 싶은 부분.
- 전체적 구조를 봤을 때 한 부분으로 편중되는 것을 막기 위해 균형을 맞출 때.
- 첫 번째 글자와 마지막 글자는 서로 문을 열고 닫아주는 역할이니 균형감을 위해 굵기를
  선택할 수 있음.

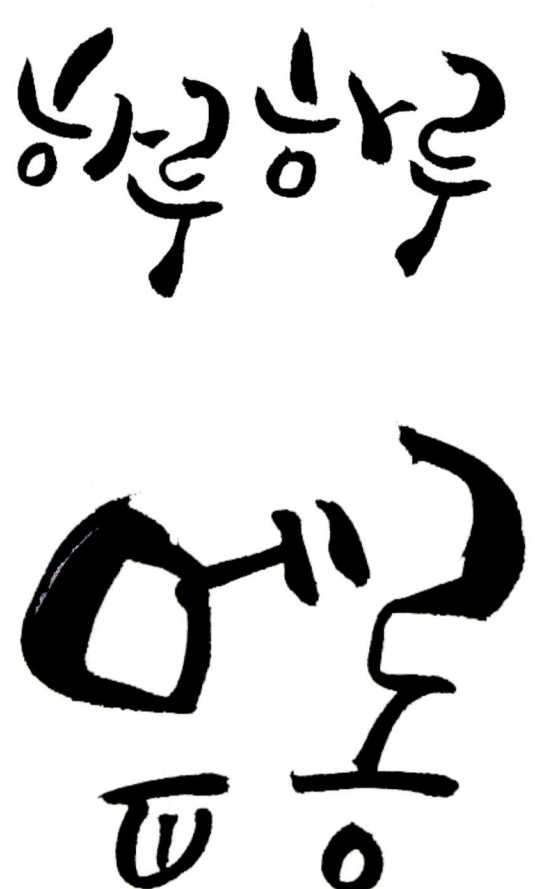

캘리그라피를 표현할 때 굵기와 마찬가지로 크기는 빼놓을 수 없는 지점이죠. 역시 풍성함과 입체감을 주는 열쇠입니다. 크기는 말 그대로 크고 작고, 크고 작고를 반복적으로 다양하게 보여주는 것인데 이것 또한 어떤 룰에 의해 진행되는 것이 아닙니다. 자신이 노출하고자 하는 것, 자신이 강조하고자 하는 것이 중심이 되지요. 이것이 활용되는 부분 역시 굵기와 비슷합니다.

크기를 투입할 곳

- 전체 문구 중 자신이 중요하다고 강조하고 싶은 부분.
- 전체적 구조를 봤을 때 중요하지 않은 부분도 한 부분만 무게감이 생기는 것을 막기 위해 여러 곳에 분포할 수 있다.
- 첫 번째 글자와 마지막 글자는 서로 문을 열고 닫아주는 역할로 균형감을 위해 크기를 선택할 수 있음.

＼ 나. 나도 이렇게 했는데 YOU도 할 수 있어요!

깐붓지마

좋은 사람

캘리그라피 스킬 중 가장 쉽게 놓치고 어려워하는 부분이 바로 방향입니다. 방향은 글씨 자체에 느낌을 투입할 때 꽤 유용하게 사용할 수 있는 스킬이에요. 우리는 지금껏 글씨를 똑바로 쓰는 것에만 집중했기 때문에 글씨에 방향을 준다는 것이 여간 어색한 것이 아닙니다. 아래 예시를 살펴보면서 글씨에 방향을 투입한다는 것이 무엇인지 알아볼게요.

말씀드릴 부분 중 하나는 글씨 전체를 기울이는 것으로 오해해서는 안 된다는 것입니다. 글씨 전체가 기울어지는 것이 아니라, 한 글씨 안에서 글씨의 한 부분이 방향을 제시해 주는 거예요. 아래를 살펴보면 이해가 빠를 것 같습니다.

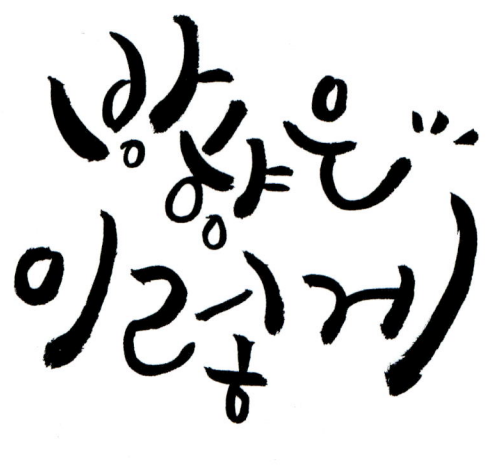

아래와 같이, 한 부분이 방향을 제시할 수가 있는데, 이것은 항상 사용하는 무기는 아닙니다. 담백하고 쓰고 싶을 땐 방향을 사용하지 않고, 강하고 빠르게 쓰고 싶을 땐 한 방향으로 사용하고, 귀엽고 발랄한 이미지에는 다양한 방향을 투입하는 등 방향이 글씨의 느낌을 좌우할 수 있습니다. 중요한 요소이지만, 과하게 사용하면 오히려 글씨의 완성도와 균형미를 깨뜨리므로 적절한 사용이 포인트지요. 이것은 많은 예시를 참고하면서 연습해보면 습득할 수 있는 부분이기도 합니다.

화살이 과녁을
찾아가는 것이 아니라
활 쏘는 이가
과녁으로
화살을 보내는 것이다.
태조 이성계

굵기, 크기, 방향이 투입되어 글씨 전체의 균형을 이루었을 때, 진정한 완성도를 보일 수 있습니다. 또한 아이러니하게도 균형미는 깍두기공책에 쓰는 것처럼 딱딱하고 정형화되어 있는 구조를 잊었을 때 완성될 수 있어요. 여러분이 수십 년간 익혀 왔기 때문에 굳어버린 습관을 말랑말랑하게 바꿔야하는 것입니다. 이 부분을 많은 사람들이 가장 어렵게 느껴요. 하지만 이제 더 이상 줄 맞춰 쓰지 말기!

크고 작고, 굵고 얇고를 이용한 다양한 배치 등이 눈과 손에 익어야 합니다. 그러면서도 가독성을 해지지 않고, 자리를 잘 잡고 있어야 하므로 이 부분이 어렵게 느껴지는 것은 어쩌면 당연해요. 하지만, 여러 가지 예시를 통해 반복적으로 설명할 것이니 곧 여러분의 시야가 넓어지고 머릿속으로부터 다양한 표현을 이끌어낼 수 있으리라 믿어요.

내려갈때
보았네
올라갈때못본

그꽃

캘리그라피를 표현할 때의 선은 여러 가지가 있습니다. 표현하고자 하는 느낌에 따라 여러 형태 내에서 선택할 수 있지요. 이 부분에서 가장 기본이 되는 것이 바로 직선과 곡선입니다. 큰 맥으로 설명을 하면 직선은 강하고 빠른 느낌, 곡선은 부드럽고 귀여운 느낌으로 분류할 수 있겠죠? 느낌에 따른 선의 활용과 선택에 대해서는 뒤에서 다시 설명하겠습니다.

굵기, 크기, 방향, 균형미, 직선, 곡선

이렇게 캘리그라피를 할 때 사용할 수 있는 기본 스킬들을 알아봤다면 이제 이것을 어떻게 활용할 수 있는지 궁금해지실 거예요. 빠른 접근을 위해서 직접적인 이미지에 투입해 보겠습니다.

'가위와 솜사탕'을 써보면서 살펴볼게요.
가위는 날카롭고 뾰족하며 갈쭉하고요, 솜사탕은 달콤하고 부드럽습니다.
각각의 이미지가 어떻게 들어갈 수 있는지 느껴보세요.

자, 보신 것과 같이 가위는 직선, 솜사탕은 곡선을 띠고 있습니다. 직선은 강하고 날카로운 느낌, 곡선은 귀엽고 말랑말랑한 느낌을 표현하기에 알맞아요. 그래서 가위에는 직선이, 솜사탕에는 통통했다가 얇아지는 특징, 크기도 크고 작고 크고가 잘 섞여있는 곡선이 사용 되었어요. 또, 굵기가 굵었다 얇아지고 굵었다 하는 걸 볼 수 있죠.

또한 강한 느낌에서의 방향은 한 방향으로 (오른쪽에서 왼쪽으로) 표현하는 것이 효과적 입니다. 귀엽고 발랄한 느낌은 여러 방향을 사용하시는 것이 효과적이고요. 균형미는 가 위 혹은 솜사탕이 차렷하고 똑바로 서 있는 것이 아니라, 서로 어울려지는 데에 그 특징이 있습니다. 사이사이로 끼워 넣거나, 서로 얽혀 있는 특징 말이죠.

가위를 보시면 '가' 바로 옆에 '위'를 놓은 것이 아니라 '가'의 'ㅏ' 밑에 위를 놓았습니다. 그 것이 균형미를 위한 설정이라고 볼 수 있어요. 솜사탕도 마찬가지로 깍두기공책에 쓴 것처 럼 나란히가 아니라, 서로 어울리도록 쓰여 있다는 것이 균형미적 특징일 수 있겠네요.

또, 앞서 살펴봤던 것처럼 자음의 모양도 느낌에 따라 서로 다릅니다. 가위의 'ㅇ'은 이응 임에도 불구하고 세모지게 써서 각이 선 이미지를 나타내고 있죠. 솜사탕의 'ㅇ'은 동그랗 게 쓰여 있어서 귀엽고 발랄한 이미지를 더하게 됩니다.

이처럼, 굵기, 크기, 방향, 균형미, 직선, 곡선, 그리고 자음, 모음의 다양한 모양을 이용해 어떤 느낌을 어떻게 표현할지에 따라 선택해서 사용하시면 됩니다. 그럼, 이것들을 어떤 느낌에는 어떻게 혹은 어떤 기준으로 선택해야 할지 난감하실 수 있겠죠. 그래서 제가 느 낌별 캘리그라피에 대한 설명을 디테일하게 준비했습니다. 차근차근 보시면 좋은 예시가 될 거예요.

아직도 좀 망설여지는 여러분께 추천하고 싶은 방법이 있습니다. 바로, 친구 이름을 써 보 는 거예요. 좋아하는 사람도 좋고, 미워하는 사람도 좋고, 존경하는 사람도 좋습니다. 외형 적 특징, 성격적 특징이 강한 사람들을 몇 명 골라서 그 사람들의 이름을 직접 써 보는 거 예요. 단, 이 때 필요한 몇 가지 과정이 있겠죠. 잠시 살펴볼까요.

1. 어떤 사람의 이름을 쓸지 떠올린다.
2. 그 사람의 특징을 생각한다.
3. 특징을 어떻게 표현할지 고민한다.
4. 쓴다. (굵기, 크기, 방향, 균형미, 직선, 곡선 혹은 자신의 스타일)
5. 쓴 이름을 그 친구에게 전달한다.

깔끔하게 완성된 과정이 보이시나요. 잊고 지냈던 사람들의 특징을 머릿속으로 그려보고 그 사람의 이름을 직접 써 보는 거죠. 물론, 나에 대한 생각도 잊지 마세요. 나는 누구인가. 어렸을 때 생각하고 잊어버리고 잃어버리는 것들에 대해 하나씩 하나씩 글씨를 통해 느껴 보는 겁니다. 저도 저의 주변 사람들, 그리고 좋아하는 사람의 이름을 직접 써 보았어요.

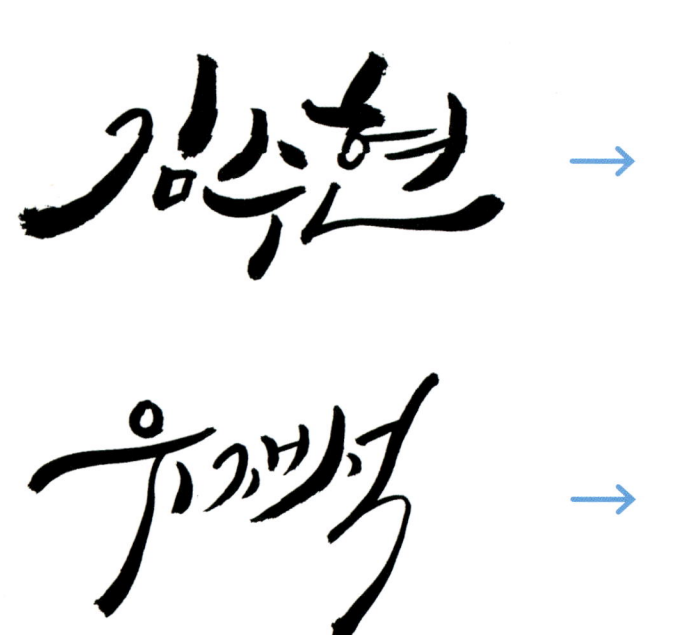

잘생기고 웃음이 예쁜
앞머리를 세운 멋진남

유머러스하고 장난끼 넘치지만
신뢰감을 주는 믿음직스러운 사람

말 안듣고 까불고 또라이 같지만
뭔가 친근한 친구

변화무쌍하고 자신감 넘치지만
알고 보면 여리고 여성스러운 상여자

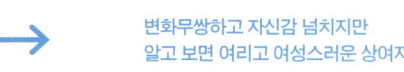

자, 이제 우리에겐 기본이 되는 무기가 모두 준비되었습니다. 이제 여러분의 가슴을 움직이게 할 워밍업이 필요합니다.

첫 번째로 여러분이 새롭게 접근해야 할 것 중 하나는 바로 우리가 알고 있는 글씨의 형태와 모양입니다.

굵기, 크기, 방향, 균형미를 투입하기 위한 글씨의 형태를 보면, 우리 한글은 자음과 모음으로 구성되어 있는데 이때에 자음의 모양을 다양하게 생각해보고 표현해보면 그것이 곧 글씨의 다양성으로 연결이 되고, 캘리그라피의 표현력 또한 높아지게 됩니다. 이제 여러분들은 그 동안 한 번도 생각해보지 않았던 고뇌를 하게 될지도 몰라요.
ㄱ. ㄴ. ㄷ. ㄹ. ㅁ. ㅂ. ㅅ. ㅇ. ㅈ. ㅊ. ㅋ. ㅌ. ㅍ. ㅎ
이 자음들을 얼마나 다양하게 표현할 수 있을지 생각해보고 고민해보도록 합시다. 이 부분에서 유의할 부분은 아래와 같습니다.

1. 가독성을 해치지 말 것
아무리 화려한 표현력과 창의력을 가지고 쓴 글씨여도 상대방이 읽지 못하면 그것은 글씨로써의 기능을 잃은 것입니다. 따라서 다양한 표현은 중요하고 환영하나 언제나 가독성을 잃지 않도록 유의해야 해요.

2. 색칠하지 말 것
'이 부분이 길어야 해', '이 부분이 더 진했어야 해' 등의 의식 때문에 글씨를 색칠하지 마세요. 간단히 말해, 글씨는 쓰는 것이지 그리는 것이 아니라는 말씀입니다. 지나간 선은 돌이킬 수 없어요. 글씨 전체를 다시 쓰는 수고로움이 있을지라도 이 부분은 꼭 지켜야 합니다. 색칠이 가능하다면 스케치 후 색칠하는 방법으로 누구나 캘리그라피를 할 수 있을지도 몰라요. 그러나 우리는 글씨를 '쓰는 것'으로 인식하고, 지나간 선은 돌이킬 수 없다는 고유한 가치를 사랑해 보도록 해요.

두 번째, 획 하나하나에도 의미가 있습니다.

우리가 아주 소홀히 생각하는 것 중에 하나가 단순한 획들입니다. 획이 처지느냐, 바로 섰느냐, 올라갔느냐에 따라 표현되는 느낌이 전혀 다른데 이 부분을 우리는 특히 신경 써서 봐야 합니다. 아래 예시를 보시면 아, 이런 거구나! 하고 무릎을 탁 치게 되실 거예요.
제가 2013년 고려대와 연세대 대항전인 '고연전'(연세대 학생들은 '연고전')의 고려대학교 응원 수건에 들어갈 문구를 작업하게 되었습니다. 문구인즉슨,

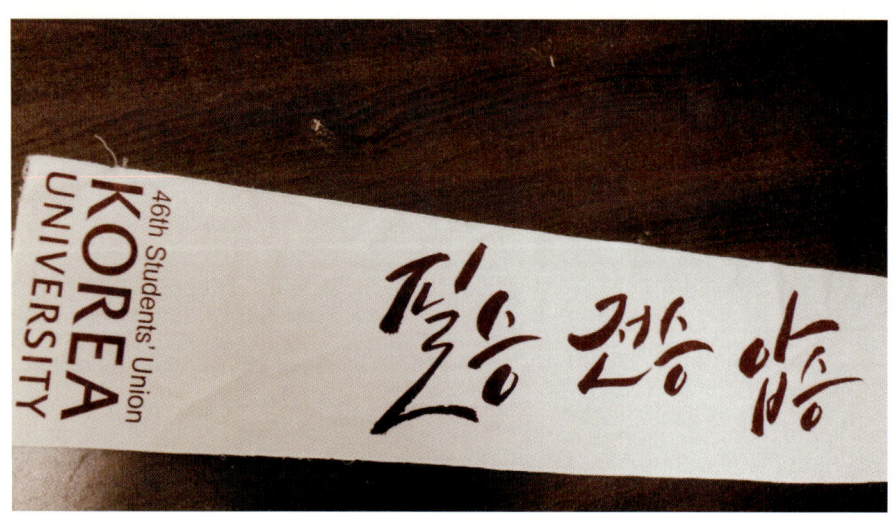

'필승, 전승, 압승'

강하고 활기찬 느낌으로 쓰고 싶었던 저는 활짝 핀 느낌의 글씨를 반복적으로 썼는데 느낌이 영 살지 않았어요. 그래서 선택한 것이 필승, 전승, 압승의 '승' 자의 'ㅡ'의 모양을 바꿔보자는 것이었습니다. 아주 단순하고 간단한 접근이었는데 그 획 하나의 변화로 글씨의 느낌은 확 달라졌습니다.

생동감 넘치고, 활기찬 응원의 느낌이 더 잘 드러나는 것을 글씨를 통해 느낄 수 있었어요. 아, 이거다 싶어 완성 본을 보냈고 이것으로 최종 결정되어 고려대 응원 수건으로 멋지게 사용된 적이 있습니다. 이때 무한도전 팀이 고려대 응원팀과 함께 고연전 응원전을 치렀던 터라, 무한도전 멤버가 이 응원 수건을 들어주길 바라며 무한도전을 시청하기도 했던 유쾌한 기억이 있네요.

지금껏 살펴본 다양한 자음, 획 하나하나를 고민할 수 있었다면 여러분에게는 이제 꽤 강한 무기가 생긴 것입니다. 저는 자음의 고민만 오래하라고 추천하지는 않아요. 연습한 자음과 획을 넣어 이제 글씨로 써볼 것!

원하는 문구를 다양한 자음과 모음, 선의 구조로 표현하며 자신의 감정이 담긴 글씨를 맛볼 것! 자 이제 본격적인 발걸음을 시작해보도록 해요!

이제부터 다양한 느낌의 캘리그라피를 섹션별로 설명해드릴 건데요, 이때의 사용법에 대해 말씀드리겠습니다. 캘리그라피를 배우실 때의 기본은 일단 느끼는 것에 있습니다. 자, 제가 설명 드리는 것들을 순서대로 따라해 보세요.

예) 귀여운 느낌의 캘리그라피 배우기

1. 귀여운 느낌의 캘리그라피 섹션으로 가서 귀여운 느낌의 캘리그라피를 쭉 감상한다.
2. 설명 부분으로 돌아와서 준비 단계를 확인한다.
3. 자음의 형태, 선의 모양 등으로 세부적으로 관찰해본다.
4. 귀여운 느낌에 어울리는 도구를 사용하여 직접 써 본다. 따라 쓸 때에는 보고 한 획,
   다시 보고 한 획이 아니라 전체를 기억한 뒤 책을 덮어두고 혼자 쓰는 것이 훨씬
   효과적이다.

단계에 대해 간단히 설명 드렸는데요, 제가 강조하고자 하는 부분이 여기서 나타납니다. 저는 여러분의 캘리그라피 글씨체의 성장을 원하는 것이지, 이 책의 글씨와 똑같이 되는 것을 원하는 것이 아니에요. 따라서 똑같이 쓰는 것에 집중하기보다는 스킬의 포인트를 파악하여 자신의 글씨를 메이크업 시키는 것에 집중해 보세요. 그럼 자신만의 글씨가 탄생하게 될 거예요. 그렇게 글씨를 키워가는 것이 자신의 글씨에 대한 애정도와 성장원동력 향상에 훨씬 도움이 된답니다. 책과 똑같은 글씨가 되고자 하는 것이 당장 눈에 띄는 결과물을 가져와 빠른 성장을 이룬 것 같은 기분, 순간의 만족감을 줄 순 있어도 캘리그라피를 오랫동안 진득하게 할 수 있는 뿌리는 만들어주지 못할 수도 있어요.
할 수 있겠죠? 그러니 일단 마음먹었다면 시작해보는 거예요.

[연습하는 방법] 느낌별 캘리그라피를 본격적으로 시작하기 전에 가만히 생각해보니 이제 연습을 시작하기로 했는데, 손에 낯선 펜도 쥐어졌는데, 막상 무얼 어떻게 해야 할지 난감해하시는 여러분이 많을 것 같아요. 캘리그라피를 잘 쓰기 위해서는 몇 가지 연습 자세가 필요합니다. 연습하는 방법에 대해 잠시 살펴볼게요. 커다란 밑그림에 대한 설명을 보시면서 끄덕이시고, 그 다음에 본격적으로 집중할 수 있는 세부내용으로 들어가 볼게요.

첫 번째, 손을 푸는 의미로 선 연습을 시작합니다.

손목이 부드러워지고 붓과 친숙해지기 위해서는 선 연습도 많은 도움이 되지요. 하지만 너무 오래해서 손이 아파지거나 힘들어지는 일은 없도록! 터치의 느낌으로 워밍업만 살짝!

두 번째, 연습할 때는 문장이든 단어든 한 부분만 계속해서
연습하지 않도록 주의합니다.

캘리그라피는 글씨의 느낌뿐만 아니라 전체적인 구조도 중요합니다. 앞부분만 잘 쓴다고 해서 전체가 잘 써 보이길 바라는 건 사실 너무 큰 욕심이에요. 그러니 앞부분만 계속해서 반복하지 마시길! 예를 들어, '기다릴 거야 내 사랑'을 쓸 때, '기'의 ㄱ만 계속해서 연습하는 바람에 뒷부분 진도가 나가지 않으면 '기'를 아무리 잘 쓰게 되어도 '다릴 거야 내 사랑'과 어울리지 않게 됩니다. 그렇게 되면 아무런 소용이 없겠지요. 이렇듯 전체적인 구조는 물론이고 전체적인 느낌이 잘 어울려야 하기 때문에 연습하실 때엔 항상 전체를 연습하시는 것이 중요해요. 우리가 수학의 정석을 공부할 때, 집합 공부만 반복하다 보면 함수 진도는 나가지 못하게 되는 것처럼 한 부분만 잘 쓴다고 해서 전체적 분위기가 잘 어울리는 것도, 만족스러운 결과가 나오는 것도 아니라는 걸 알려드려요.

세 번째, 연습하면서 마음에 안 든다고 엑스 표 하지 마세요.

매 순간 정성 들여 쓴 내 글씨입니다. 마음에 들지 않는다고 X 표를 해 글씨 얼굴에 그어버리는 건 하지 마세요. 캘리그라피 글씨를 많이 쓰다보면 결국 처음에 썼던 것이 마음에 들 때도 있고, 잘 못 썼다고 생각했지만 나중에 다시 보니 매력적인 부분이 보일 때도 있습니다. 따라서 아예 없애버리는 것보다는 하나하나 잘 간직하시는 게 좋을 것 같아요. 저도 작품 의뢰를 받으면 매번 이 글씨가 마지막인 것처럼 씁니다. 그렇게 매 순간 마지막처럼 쓴 글씨 중 골라내고 골라내서 몇 개로 추스르는 과정이 중요하거든요. 마음에 들지 않는다고 X 표 해버리면 분명히 아쉬워지는 순간이 옵니다. 그러니 항상 매 순간순간을 마지막처럼 소중하게……. 아시죠?

다. 다양한 캘리그라피를 느끼고 배워봅시다!

에피타이저

본격적으로 캘리그라피 쓰기에 들어가
볼까요? 획의 변화와 자음의 다양화에
대해 알아봅니다. 사진 속의 손 모양과
선을 잘 따라해 보세요.

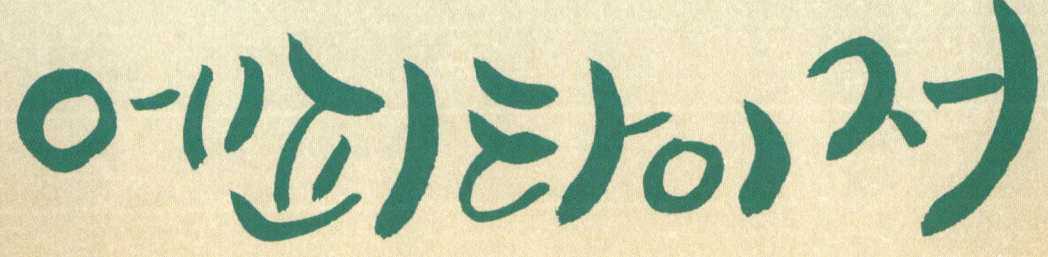

획의 변화와 자음의 다양화

01

캘리그라피 글씨체를 한 가지만 갖고 있는 것은 아쉬움이 많이 남는 일이죠. 사람의 감정이 여러 가지이듯이 캘리그라피 글씨체도 여러 가지로 표현할 수 있어야 합니다. 여러 가지 느낌으로 표현하는 것에는 기본적인 선의 활용이나 터치감이 중요하기 때문에 이제부터 저는 글씨를 느낌별로 나누어 설명하려고 해요. 자신의 취향과 활용 방법 등을 토대로 여러 가지 느낌으로 활용해 보시길!

다양한 느낌의 캘리그라피를 경험하면서 자신에 잘 맞고, 또 자신에게 가장 편안한 글씨체를 찾아보시기 바랍니다. 그리고 그것을 토대로 새로운 느낌을 추가해 보세요!

1. 다양한 느낌의 캘리그라피를 경험하면서 나의 취향을 알아본다. 이때 예시를 참고해도 좋고, 자신이 생활에서 자주 사용할 수 있는 표현들을 골라내도 좋다.
2. 다양한 느낌의 캘리그라피 중 가장 메인으로 성장시킬 글씨체를 골랐다면 그것을 먼저 성장시킨다.
3. 메인으로 정한 캘리그라피 글씨체를 어느 정도 표현할 수 있게 됐다면, 다른 글씨체의 특징을 참고하여 글씨체를 추가할 수 있도록 한다.
4. 다양한 느낌의 캘리그라피 글씨체를 느낌별로 살펴보자.
   이제 하나씩 맛보고 선택해 보시길!

앞서 말씀드린 바와 같이 아직 붓과 익숙해지는 시간이 필요할 것 같아요. 이 연습을 많이, 오래 하라고 강조하지는 않습니다만 필요한 과정인 것은 맞습니다. 아주 간단한 포인트만 알면 차후 느낌별 캘리그라피를 표현할 때 아주 큰 도움을 받을 수 있어요.

그래서 느낌별 선을 다루는 법과 어떤 느낌으로 연결될 수 있는지를 알려드리도록 하겠습니다. 먼저 아래 예시를 보면서 손 모양과 방법을 곁들여 설명 드릴게요. 본식으로 들어가기 전에 에피타이저를 드시는 것처럼 가볍고 자연스럽게 접근하시면 좋을 것 같습니다.

둥근 선은 귀엽고, 발랄한 느낌, 따뜻한 느낌을 표현하는 데에 적절합니다. 선의 시작 또는 끝을 둥글게 만들기 위해서는 붓을 머물고, 일으켜야하는데요, 처음 시작할 때는 붓이 머무는 시간을 갖으며 지그시 눌러줍니다. 그러면 붓끝이 둥글게 되겠죠. 마지막 선이 끝나는 부분에서는 붓을 일으킵니다. 붓이 갔다가 다시 역행하면서 중간에서 붓을 떼는 거죠. 붓을 그냥 떼버리면 붓끝의 모양대로 선이 뾰족해지는데, 다시 돌아오는 형태를 가지면 선의 끝이 둥글어집니다. 이 부분이 키포인트예요. 자, 연습 시작해보세요.

그엇던 선으로 다시 돌아와
선 안에서 붓을 뗍니다.
둥글게 마무리를 할 수 있어요.

뾰족한 선

뾰족한 선은 강하고, 날카롭고, 빠른 느낌을 표현할 때 쓰입니다. 뾰족한 선은 곧게 뻗어있고, 뾰족한 것이 특징입니다. 이 선은 특히 개인차가 있는 선이기도 해요. 어떤 분들은 너무 쉽게 하시지만, 어떤 분들은 유독 어려워하시기도 합니다. 하지만, 아주 간단한 포인트만 기억하시면 돼요. 손 아랫부분은 대고, 손가락을 움직여 쓰는 선입니다. 펜을 쥐고 있는 검지, 중지, 엄지를 자기 쪽으로 당긴다고 생각하시면 돼요. 이때, 손목이 움직이면서 선이 닿는 면이 자연스럽게 조절됩니다. 또, 속도를 약간 빠르게 하셔야하기 때문에 갈라지는 느낌도 자연스럽게 들어가 강하고 빠른 느낌을 극대화시켜 줍니다. 손 전체와 팔을 움직이시는 것이 아니라 검지, 중지, 엄지 그리고 손목을 움직여 쓰시는 것이라는 게 가장 큰 특징이에요. 이 방법이 익숙해지면, 뾰족한 선은 아주 쉬운 녀석이 되지요. 자, 그럼 손의 모양과 선의 모양 보시면서 따라해 보세요.

검지와 중지를 움직여 빠르게 선을 긋습니다.
붓이 닿는 면적이 조절되면서 자연스럽게
아래 부분은 얇고 뾰족하게 표현됩니다.

끝이 네모난 선도 있습니다. 이 선은 고풍스러운 느낌, 강하면서도 부드러운 느낌의 특징이 있어 다양하게 사용할 수 있는 선입니다. 이 선은 중간에 변화하는 부분이 있습니다. 또, 속도감도 필요해요. 잘 보세요. 처음 시작은 붓을 일자로 대고 시작합니다. 선을 그어 가면서 중간에 옆면으로 방향을 바꿉니다. 마지막 부분에 닿는 것은 붓의 옆면으로 자연스럽게 끝이 네모난 선이 완성됩니다. 이렇게 쓰기 위해서는 손을 비틀어야겠죠. 그리고 중간 부분에서는 속도감을 갖는 것이 네모난 선의 느낌 표현에 더 도움이 됩니다. 어렵다고 생각하지 마시고, 시작해 볼게요.

붓을 붓의 모양대로 똑바로 대고 시작하되 중간 부분에서 붓의 옆면이 닿을 수 있도록 붓의 닿는 모양을 변화시킵니다. 붓의 옆면이 닿은 상태로 선을 마무리합니다.

위에서 배운 세 가지 느낌을 이용해서 캘리그라피를 표현해 볼게요. 어떻게 달라질 수 있는지 생각해 보세요. 캘리그라피를 표현할 때는 리듬이라는 것이 상당히 중요합니다. 노래를 부르는 것처럼, 손이 춤을 추듯이 리듬을 타는 게 필요해요. 둥근 선은 둥실둥실, 뾰족한 선은 빠르고 스피드하게, 네모난 선은 마치 턴을 하듯이 선을 조절할 수 있는 연습이 되면 캘리그라피의 절반은 배운 것이나 다름없어요. 즐기면서 시작해보시길 바라요. 그리고 이건 에피타이저니까 너무 배부르지 않게 가볍게 드시는 거 잊지 마시고요!

자음의 모양

선만큼이나 중요한 것이 바로 자음의 모양입니다. 우리가 사용하는 한글은 자음과 모음으로 구성되어 있지요. 우리가 수십 년 동안 사용했던 고정적인 자음의 모습에서 벗어나, 새로운 모양의 자음을 생각해보는 시간이에요. 이때, 중요한 것은 다양하게 생각해보는 것은 좋으나 어디까지나 가독성을 생각해야 한다는 것, 그리고 너무 그림 그리듯이 색칠하는 것은 좋지 않다는 것입니다. 글씨의 기능은 잘 읽혀서 의미를 전달하는 것이라는 것을 꼭 기억하세요.

다양한 자음의 모양은 차후 여러 느낌을 표현하는 데에 아주 중요한 재료가 됩니다. 일단 저의 다양한 표현을 보신 후 여러분들도 이를 통해 새롭게 생각해 보시길 바랄게요.

＼ 다. 다양한 캘리그라피를 느끼고 배워봅시다!

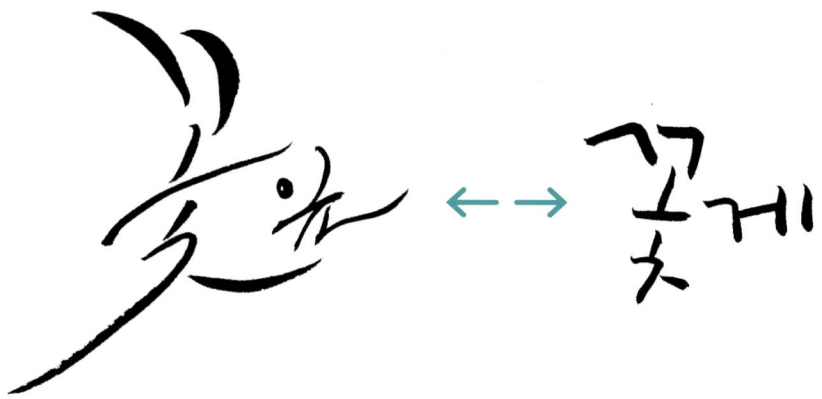

쌍기역 'ㄲ' 모양으로 이렇게 다른 쓰임을 나타낼 수 있다는 것!
꽃잎의 쌍기역과 꽃게의 쌍기역은 의미에 맞는 특징을 다르게 함으로써 서로 이렇게 다르게 표현하고, 다르게 어필할 수도 있습니다. 아주 작은 선의 활용으로도 이렇게 완전히 다른 모습과 느낌을 줄 수 있다는 걸 참고하시길 바라요.

에피타이저로 준비를 바쳤다면 이제 본격적인 식사에 돌입합니다. 입맛에 맞게 느낌별 캘리그라피를 설명 드릴 거예요. 자신의 취향이 어떤 건지, 감정들이 얼마나 다양하게 표현되는지 함께 느끼면서 알아보면 좋겠어요.

분명한 것은,
캘리그라피는 글씨를 잘 쓰고, 못 쓰고에 달린 것이 아니라
나의 감정을 잘 담아 표현하는 글씨라는 것을 잊지 마셔야 한다는 것입니다.

이제 시작해 볼게요!

귀여운 느낌의
캘리그라피

마음을 차분하고 따뜻하게 해주는 동글동글한 캘리그라피 파트입니다. 이 파트에서는 귀여운 느낌의 캘리그라피를 쓰는 포인트와 함께 이에 적합한 도구도 함께 알아보겠습니다. 다양한 예시로 함께 할게요.

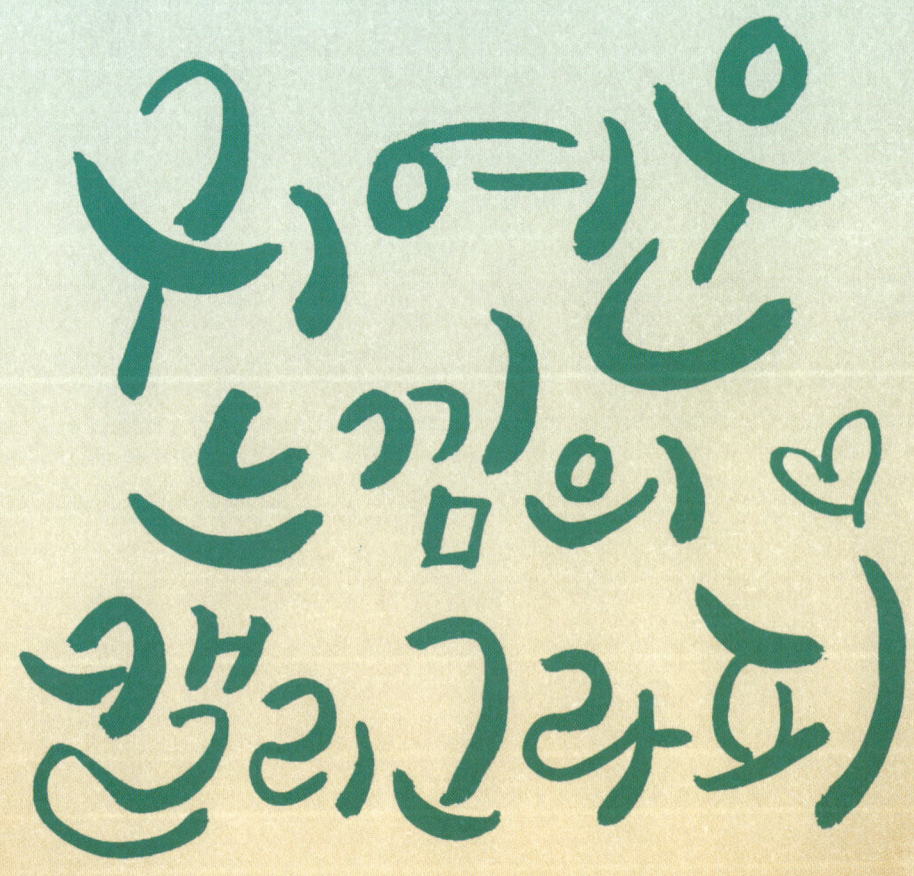

마음을 차분하고 따뜻하게 해주는

생활 속에서 많이 사용하는 활용 포인트 중 빠질 수 없는 느낌이 있다면 그것은 바로 귀엽고 따뜻한 느낌입니다. 우울해하는 친구에게, 사랑하는 사람에게, 고마운 누군가에게 마음을 전할 때 필요한 느낌의 대표적인 예이죠. 저도 평소 제 생활의 많은 부분에서 귀여운 느낌의 캘리그라피를 사용하고 있어요. 친구의 아가가 태어났을 때, 좋아하는 동생의 생일, 어버이날 편지에 애교 있는 글씨로 마음을 표현하곤 합니다. 대부분의 많은 분들이 캘리그라피를 시작하실 때 귀여운 느낌부터 갖고 싶어 합니다. 특히 마음을 차분하고 따뜻하게 해주는 캘리그라피의 특징을 잘 담고 있는 글씨체이기도 하고요. 취향에 따라 갖고 싶어 하는 글씨는 모두 다르지만, 귀엽고 발랄한 느낌의 캘리그라피는 필수적으로 갖고 있어야 그 안에서 확장하고 파생시킬 수 있는 부분이 많다고 생각해요.

귀여운 느낌은 아주 작은 부분만 습득하면 쓸 수 있는 쉬운 영역이기도 합니다. 하나하나 차근차근 알려드릴 건데요, 따라하시는 것도 중요하지만, 일단 먼저 감상하시는 게 좋겠어요. 찬찬히 느끼시고 조금씩 도전해보시길 바라요.

귀엽고 발랄한 느낌을 위한 필수 요소를 살펴볼게요!

1. 굵기의 다양화
2. 곡선의 활용
3. 작은 키&통통한 몸매: 글씨의 형태
4. 방향의 활용
5. 구조의 활용

아, 이게 무슨 소린지 아리송하지요? 귀엽고 발랄하기 위해서는 글씨의 몸매도 키가 작고 오동통해야 그 느낌이 더 활발히 살아납니다. 예시를 살펴보며 알아볼게요.

여기서 중요한 것은 바로 선의 활발함을 보여주고 있는 것이에요. 선이 모두 곡선을 띄고 있죠? 곡선은 안으로 모아줄 때와 밖으로 뻗을 때가 느낌이 다른데, 안으로 모아주면서 서로 알콩달콩 모여 있는 느낌을 줍니다. 게다가 통통한 굵기와 얇은 굵기를 리듬감 있게 반복하면서 글씨의 풍성함을 주게 되지요.

귀엽고 발랄한 글씨는 움직임이 많아야 해요. 말 그대로 귀엽고 발랄한 통통 튀는 느낌을 주기 위함이지요. 그렇다면 도대체 다양한 굵기는 어떻게 하는 건가요? 라는 질문이 당연히 나올 수밖에 없겠죠?

다양한 굵기는 손에 리듬감을 익히는 것이 중요해요. 리듬 있게 쓰는 방법에 대해 살펴봅시다. 글씨로 접근하기 전에, 선으로 연습을 해 봅시다.

굵기의 다양화

귀여운 느낌은 굵기가 중요합니다. 통통한 굵기를 통해 귀여운 느낌을 더 풍성하게 표현할 수 있기 때문이죠. 방법은 간단해요. 붓을 내리면 굵어지고 올리면 얇아지고 내리고 올리고를 반복하면 됩니다. 그러나 굵어지고 얇아지고가 끊어지는 맥이 생기면 글씨가 자연스러울 수 없습니다. 굵어지고 얇아지고가 마치 물 흐르듯 자연스러워야 글씨가 리듬감 있고 풍성한 느낌으로 마무리될 수 있어요. 자, 선 연습부터 해볼까요?

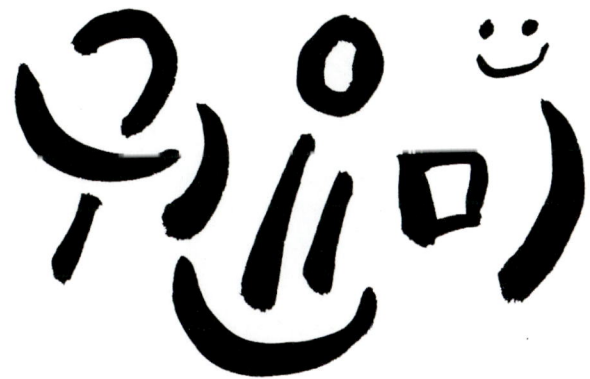

곡선의 활용

굵고 얇고 소화가 됐다면 이제 선의 모양이 중요합니다. 실컷 곡선을 사용했는데, 마지막 부분이 날카롭게 끝이 나면 곡선을 사용한 것이 오히려 의미 없어질 수 있어요. 그래서 끝부분은 항상 둥글게 끝나야 합니다. 앗! 글씨를 쓰고 손을 그냥 들어버리면 당연히 날카로워요. 어떻게 둥글게 마무리를 할 수 있는 지 알아봅시다.

둥글게 시작하고 둥글게 끝나는 선은 머무르고 다시 돌아가는 형태를 띱니다. 시작하기 전에 붓을 지그시 눌러 머물러 주고 붓을 끝까지 간 상태에서 다시 되돌아가는 것이 중요합니다. 앞에서 선 연습할 때, 살펴봤듯이 머물고 다시 돌아가는 것이 중요해요. 이런 선을 소화하려면 천천히 쓰는 것이 중요하겠죠? 또, 굵기를 다르게 함과 동시에 곡선을 띄고 처음과 끝도 놓치지 않고 둥글게 하려면 천천히 쓰셔야 해요. 그래야 느낌상의 표현이 아주 적절히 적용될 테니 천천히 써보시길 바랍니다.

자, 선 안에서 굵기의 리듬감 있는 변화와 둥글게 마무리하는 법을 배웠어요. 조금 더 익숙해진 굵기와 크기가 손을 통해 나타나고 있다면 예시를 통해서 하고 싶은 말을 쓸 준비를 해 봅시다.

키가 작고 통통한 아이들이 귀엽듯이, 글씨도 똑같습니다. 글씨를 너무 늘씬하고 길게 쓰는 것 보다 조금 더 통통하고 키가 작게 쓰는 것이 효과적이죠. 완전한 정사각형은 아니더라도 정사각형에 어울리도록 쓰는 것이 유리할 것 같네요. 글씨의 형태가 길쭉하거나 혹은 얇으면 귀여운 느낌이 줄어드니 이 점을 꼭 참고하시길 바라요.

귀여운 느낌의 방향은 다양해야 합니다. 갸우뚱 갸우뚱 거리는 모양이 마치 이야기를 나누듯 다양하게 사용되는 것이 효과적입니다. 앞서 설명 드렸듯이, 방향이라는 것은 글씨 전체가 기울어지는 것이 아니라, 글씨의 어느 한 부분이 방향을 제시하는 것이라는 것 알고 계시죠? 글씨 전체가 누워있거나 한쪽을 바라보는 것이 아니라, 받침 또는 어느 획 하나가 한쪽 방향을 제시할 수 있다는 것 참고하셔서 방향을 사용해 보시길 바라요!

귀여운 느낌의 구조적 활용은 글씨가 얼마나 모여 있느냐에 따라 달라집니다. 서로 끼워 넣고 기대고 있는 글씨가 받침과 방향을 잘 활용하여 서로 모여 있는 형태를 띨 때 좋은 효과를 발휘합니다. 따라서 글씨가 서로 떨어져 있거나 깍두기공책에 쓰는 것처럼 일정 간격을 두지 마시고 모여 있도록, 서로 어깨동무를 하거나 팔짱을 낀 것처럼 모여 있도록 해보세요. 그리고 모여 있는 형태의 큰 모양이 둥근 형태를 띠는 것도 효과적입니다. 서로 모여 있는 형태에 집중해 보시길!

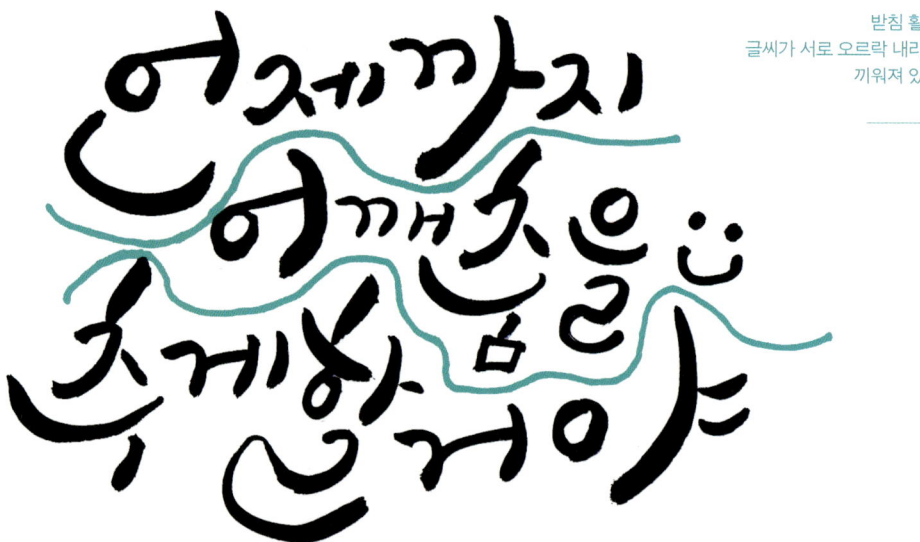

받침 활용
글씨가 서로 오르락 내리락
끼워져 있기

가까이
보아야
예쁘다
오래보아야
사랑스럽다
너도 그렇다

어떤 도구를
사용하는 것이 좋을까

02

[붓펜]

귀여운 느낌과 발랄한 느낌의 문구들을 바라봤다면, 어떤 도구를 사용하는 것이 좋을지, 어떤 느낌으로 표현될지를 알아보도록 합시다. 제가 추천하는 도구는 일단 붓펜이에요. 이 붓펜은 여러분이 알고 계신 붓펜과 조금 다릅니다. 일반적으로 알고 계시는 붓펜은 붓이 한 덩어리로 되어 있지요. 그러나 제가 추천하는 붓펜은 붓모가 모두 한 결 한 결 살아있는 붓펜이에요. 붓모가 살아있어야만 굵기의 다양화, 그리고 리듬감 있는 터치감을 줄 수 있어요. 붓펜으로 어떤 느낌을 표현할 수 있는지 살펴봅시다.

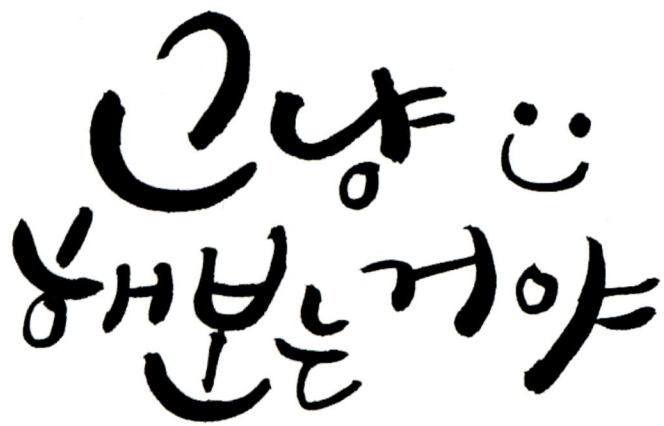

귀여웅 ^_^
귀여워
웃을때귀여워

충분히 ♥
예뻐

야옹 🐱

또 한 가지는 바로 마카예요! 여러분들이 쉽게 접하실 수 있는 일반적인 마카, 네임펜 모두 가능합니다. 그러나 붓펜과는 사용하는 스킬이 조금 달라요. 붓펜은 굵고 얇고, 리듬감과 둥근 선을 이용했다면, 마카와 네임펜으로 표현하는 방법은 조금 더 단순하고 쉬워요. 오직 직선만 이용하는 겁니다.

직선을 사용하되, 길지 않고 짧은 선으로 글씨를 써 주세요. 여기서 포인트 짚어볼게요!

- **직선**
- **짧은 선**
- **삐뚤빼뚤한 선**
- **획의 사이를 떼어보기**

아, 이건 또 무슨 소리야, 아까랑 전혀 다르잖아? 라고 생각하고 계신다면 마음 놓으세요. 이건 더욱 더 쉽습니다. 마카로 곡선을 사용하면 붓보다 효과적이지 않아요. 그래서 선택한 방법이 직선을 사용하되, 획 사이를 떼는 것입니다. 붓 표현을 설명할 때 나왔던 것처럼, 키가 작고 앙증맞게 쓰는 것이 귀엽고 발랄한 느낌을 표현할 때는 효과적이죠.

아, 그래도 이건 너무 심심한 것 같은데? 라고 생각이 든다면 삐뚤빼뚤한 선을 사용해봅니다. 차렷하고, 일자로 서 있는 것 보다는 획이 전체적으로 서로 다른 기울기를 가지면 더 활발하고 풍성한 느낌을 줄 수 있어요. 예시를 보며 알아보죠.

귀여운 느낌에 어울리는 도구는 사실 다양합니다. 하지만, 각각의 다른 포인트를 살려주는 게 좋겠지요. 방법은 위에서 설명한 붓펜과 마카의 방법이 대표적입니다, 이 방법을 가지고 응용해보는 것도 좋을 것 같아요.

도구와 스킬 외에 한 가지 방법이 더 있어요! 그것이 바로 구조입니다. 글씨를 쓸 때, 글씨를 구성하는 선이나, 획의 마무리, 글씨 전체 모양이 아무리 좋아도 구조의 완성도가 떨어지면 제대로 된 느낌이 나오기 힘들어요. 구조를 구성하는 방법에는 상당히 여러 가지 있는데요, 귀엽고 발랄한 느낌을 위한 구조를 알아보도록 해요.

1. 서로 모여 있는 느낌

캘리그라피의 중요한 포인트입니다. 글씨가 차렷하고 서 있거나, 서로의 영역을 침범하지 않으려 하는 방법은 좋지 않아요. 그러나 우리는 수십 년 동안 똑바로 바르게 깍두기공책에 쓰면서 글씨를 연습해와서 그런지 이 구조라는 것을 다르게 생각하기가 쉽지 않아요. 하지만, 구조의 맛을 알게 되면 글씨를 쓰는 것에 본격적으로 재미가 들리게 됩니다. 일단 포인트를 알려 드릴게요.

- **일부러 내리는 선, 일부러 올리는 선이 있어야 한다.**
- **서로 모여 있는 느낌, 끼워져 있는 느낌이 중요하다.**
- **방향을 사용할 수 있어야 한다.**

예시를 보면서 설명 드리죠.
서로 구조를 잡기 위해서는 글씨끼리 어울려져서 영역을 서로 만들어주고 받치는 것이 중요한데요, 이때 활용할 수 있는 것이 바로 받침입니다. 받침을 늘어뜨리거나, 받침이 없는 글씨와 어울리도록 섞어 쓰거나 받침을 상대에 영역으로 미는 방법이 있어요. 색깔 선으로 표시해 드릴게요!

글씨 전체의
형태가 동그랗게

이 방법은 귀여운 느낌 외에도 상당히 많은 부분에서 필요한 내용입니다. 대부분 캘리그라피를 처음 배우시는 분들은 구조에 대해 어려워하시는 경우가 많습니다. 하지만 한번 익혀두시면 어떻게 써야할지가 눈에 그려지게 되지요. 그 쾌감이란!

일부러 내리는 부분, 올리는 부분이 있게 하기 위해서 중요한 팁이 하나 더 있는데, 이건 글씨 쓸 때 머릿속에 인식되어야하는 부분이 커요. 습관을 들이면 글씨 쓸 때 훨씬 수월해집니다.

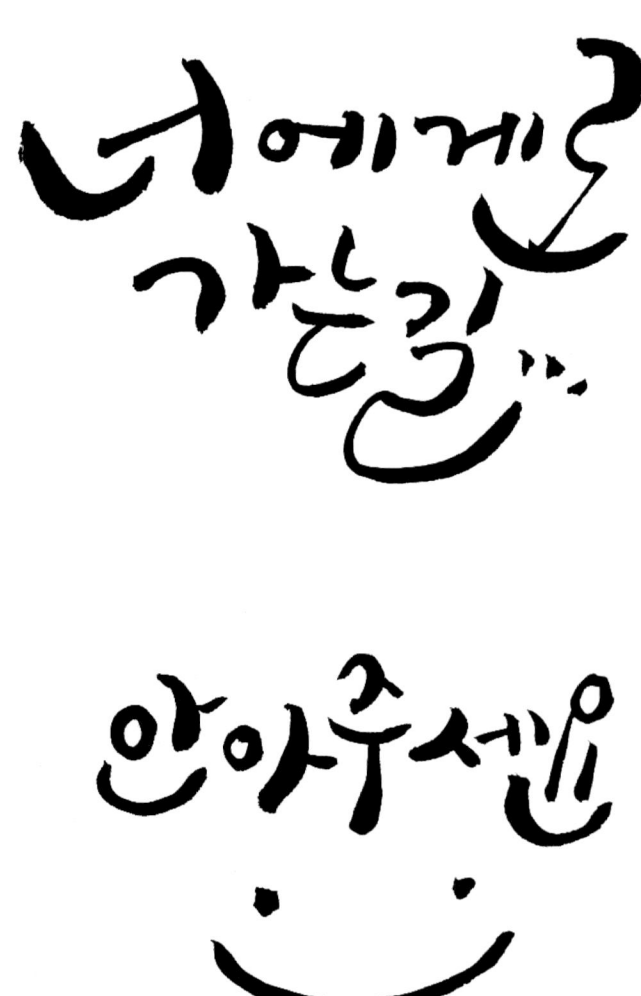

이와 같은 방법으로 만년필을 활용해 볼 수 있습니다.

귀여운 느낌: 정리

03

앞도 보고 뒤도 봐라

이것은 캘리그라피를 할 때 항상 갖고 있어야하는 마인드인데요, 내가 앞으로 쓸 공간도 보고, 썼던 글씨도 보면서 어떻게 쓰고 있었는지 혹은 어떻게 쓸 건지 공간은 얼마나 남았는지 글씨 사이의 간격은 어떻게 되는지를 체크하면서 쓰셔야 한다는 거예요. 물론 즉흥적인 것도 상당히 매력적이지만, 어느 정도의 느낌과 룰을 체득하고 표현하고 싶은 것에 따라 꺼내서 사용하는 것이 상당히 도움이 많이 되거든요. 그래서 저도 글씨 쓰다가 잠깐 멈추거나 쓰기 전에 머릿속으로 전체의 모양을 그리고 시작하곤 해요. 이 방법은 계속해서 등장하니 꼭 연습해야 하는 중요한 포인트입니다!

구조는 글씨 각각의 모양만큼이나 중요합니다. 이걸 놓치면 아무리 잘 쓴 글씨도 보이는 효과가 적어요. 그래서 구조는 절대 놓쳐서는 안 될 부분입니다. 정리해 봅시다.

1. 획의 끝과 끝을 둥글게, 선의 모양도 곡선으로 둥근 이미지를 획 자체에 넣어보자.
2. 통통하고 짜리몽땅한 형태의 글씨가 둥근 느낌을 표현하기에 알맞다.
3. 구조는 서로 모여 있는 형태가 좋다. 정확하게 끼워 넣는 퍼즐 형태의 구조도 좋다!

질문이 빗발치는 소리가 들리는군요. 가장 어려워하시고, 궁금해 하시는 구조에 대해서 더 자세히 탐색해 보도록 합시다. 귀엽고 발랄한 느낌의 구조는 앞서 말했듯이, 서로 모여 있는 형태가 알맞습니다. 서로 모여 있고, 끼워 넣기 위해서는 해야 할 것들이 있습니다. 문장을 쓸 때, 강조하고자 하는 부분 또는 특이한 받침이 있는 글씨를 일부러 크게 써서 공간을 확보하는 것입니다. 일부러 받침을 내리거나 크게 쓰면 일자로 균등하게 쓸 수가 없어지지요. 이걸 이용하는 거예요.

일부러 내린 부분 덕분에 공간이 생겼다면 이 공간에 끼워 넣는 형태로 만드는 겁니다. 이렇게 글을 쓰기 위해서는 사실 붓을 대기 전부터 글의 내용에 따른 구조에 대한 탐색이 이루어져야 합니다. 글의 의미를 파악하고, 어떤 부분, 어떤 단어를 강조할 것인지 선택합니다. 중요한 의미의 단어 또는 디자인적으로 특징을 주고 싶은 부분이 있다면 그것을 크게 하거나 진하게 하여 특징을 돋보이게 할 수 있겠죠.

초반에 얘기했던, 굵기, 크기, 방향, 균형미, 직선, 곡선이 여기서도 그대로 적용되는 것입니다. 특히, 굵기와 크기가 다양하게, 또 적절한 위치에 적용이 되면 글씨는 더욱 풍성하고 풍부해지며, 캘리그라피로써의 매력을 더 깊이 가져갈 수 있게 되지요. 구조를 상상하고 계획하는 일은 사실 어렵기도 하고, 많은 경험을 필요로 합니다. 우리는 오랜 세월을 줄이 쳐진 노트에 또는 깍두기공책에 써 왔기 때문에 줄 맞춰 쓰는 것과 띄어쓰기를 의식하지 않는 것이 생각만큼 잘 되지 않아요. 하지만, 과감하고 자유로운 시도가 여러분의 캘리그라피를 더 다양하고 돋보이게 해줄 거예요.

자, 그럼 지금까지 배운 것들을 하나씩 적용해 볼까요.

1. 끝과 획이 둥근 선으로 캘리그라피를 시도해보자!

2. 문장에서 강조하고자 하는 부분은 크거나 진하게 쓴다.
3. 처음 글씨와 마지막 글씨는 문을 열고 닫아주는 역할로 비슷한 크기 또는 비슷한
   진하기로 맞춰주는 게 균형미에 도움이 된다!

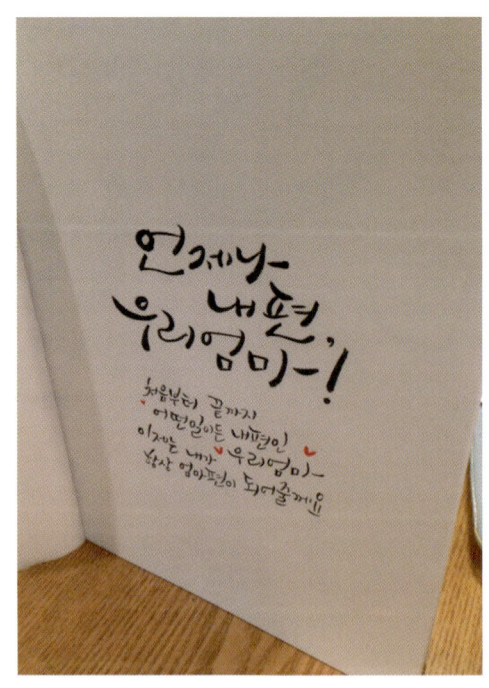

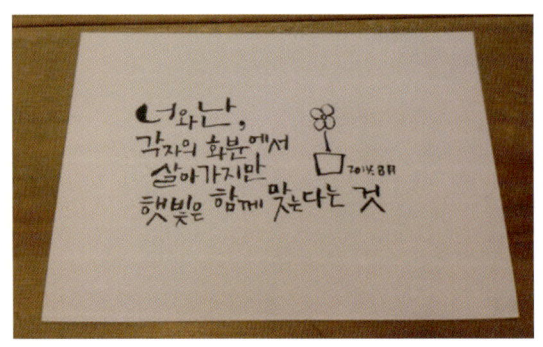

붓펜으로 하는 느낌 외에 마카로 쓰는 것도 마찬가지예요. 마카로 글씨 쓸 때는 붓펜으로 쓸 때보다 굵기 적용이 빠지기 때문에 오히려 쉬워지기도 합니다. 마카로 쓸 때 스킬로는 획의 사이사이를 떼어주는 방법도 있어요. 획과 획 사이를 떼어주면 귀엽고 발랄한 느낌이 더 높아지거든요. 알콩달콩한 글씨를 쓸 때 딱 좋지요.

그리고 한 가지 방법이 더 있습니다. 바로 삐뚤빼뚤 쓰는 방법이에요. 획을 하나도 가만히 두지 않고 다양한 기울기, 다양한 방향으로 쓰는 겁니다. 성숙미가 빠지고, 엉뚱하고 애교 있는 느낌이 더해지면서 표현하고자 했던 귀여운 느낌이 잘 드러나게 되지요.

힘내지 않아도 괜찮아

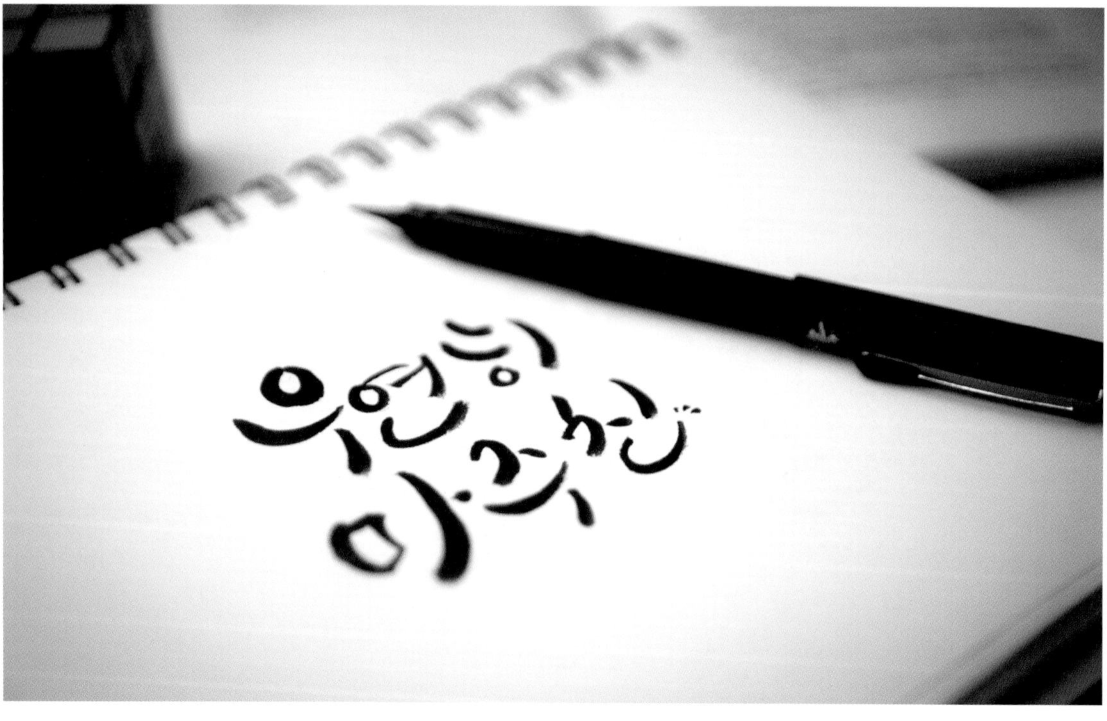

으랏차 이가냐

귀여운 느낌은 어떤 획을 어떤 방향으로 사용하느냐가 중요한 포인트예요.

TIP 1 문장도 중요하겠죠, 귀여운 문장의 마지막 글씨는 곡선을 띄거나 전체를 커버하듯 커브를 갖는 방법도 좋을 것 같아요. 앞에서 설명했듯이 키가 작고 뚱뚱해야 합니다. '귀요미' 라는 단어를 귀여움의 상징으로 볼 수도 있어요. 귀요미를 기억하자고요!

TIP 2 색상을 다양하게 시도해보아요. 포인트 되는 글씨를 다른 색깔로 쓰거나, 작은 포인트 이미지를 넣어봅니다. 뭔가 환하고 생기발랄한 느낌의 글씨기 완성되는 걸 볼 수 있을 거예요!

TIP 3 글씨 전체의 형태를 둥근 이미지로 소화합니다. 주저리주저리 길고 늘어지는 것보다는 귀여운 이미지를 위해서는 둥글고 모아지는 구조가 중요합니다. 이 부분을 잊지 말고 꼭 적용해 보세요.

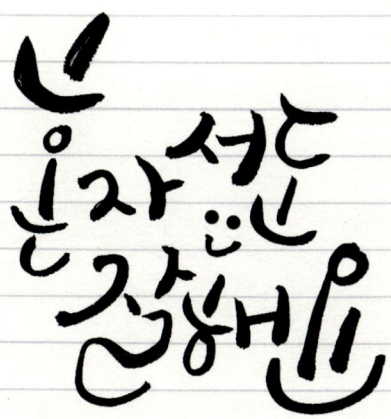

강하고
빠른 느낌의
캘리그라피

굳건하고 당찬 느낌의 캘리그라피 파트
입니다. 이 파트에서는 강하고 빠른 느
낌의 캘리그라피를 쓰는 포인트와 함께
이에 적합한 도구도 함께 알아보겠습니
다. 다양한 예시로 함께 할게요.

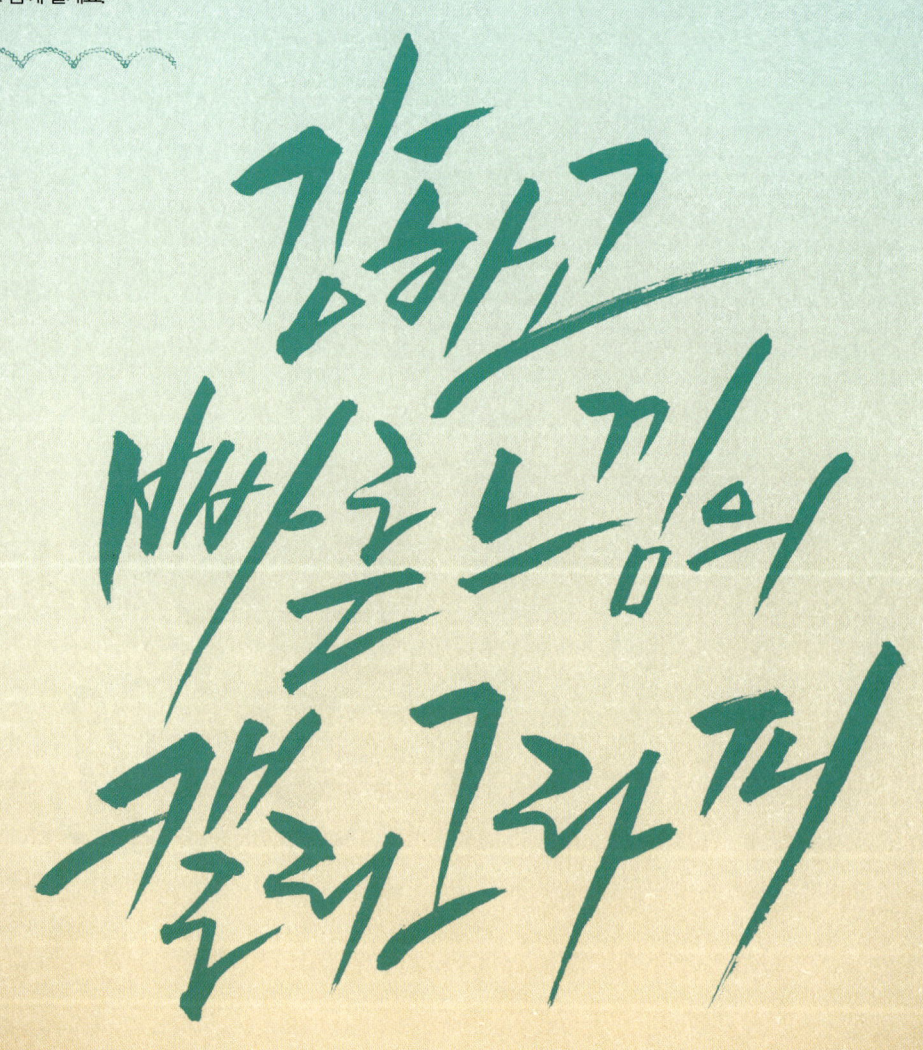

굳건하고 당찬 기운을 불어넣어 주는

귀엽고 발랄한 느낌으로 마음을 말랑말랑하게 해 보았다면, 이번엔 굳건하고 당찬 느낌의 캘리그라피를 배워봅시다.

아마, 귀엽고 발랄한 느낌 외에 가장 많이 쓰는 캘리그라피 글씨체가 아닐까 생각 되네요. 강하고 힘찬 메시지를 전달하고 싶을 때 많이 사용하게 됩니다. 특히 이 글씨체는 기업에서 강한 메시지를 전달할 때, 또는 포스터에 강한 메시지를 어필하기 위해 등등 많은 부분에서 사용되는 캘리그라피이기도 해요. 그리고 이 글씨체는 거의 모든 분들이 좋아하시더라고요. 시원해보이고, 당차 보이는 게 마음이 뻥 뚫리는 느낌이어서 아닐까요?

강하고 빠른 느낌의 캘리그라피는 생각보다 간편한 원리로 이뤄집니다. 제가 강조하는 몇 가지 내용만 머릿속에 넣고 손을 움직여 보시길! 손을 어떻게 움직이면 이 느낌을 잘 표현할 수 있는지도 알려 드릴게요! 자, 시작해 봅시다.

1) 강하고 빠른 느낌의 캘리그라피 예시

예시를 살펴보면 더 느낌이 바로 올 수 있을 것 같아요.

어때요? 강하고 빠르고 시원하고 경쾌하고 확신이 드는 표현들입니다. 강한 느낌을 표현하는 방법을 먼저 살짝 꼬집어 정리해보도록 하지요.

1. 직선의 활용
2. 방향의 활용
3. 속도의 활용
4. 구조의 활용

자! 이 네 가지가 가장 중요한 포인트입니다.

하나씩 하나씩 살펴보기로 해요.

> **직선의 활용**

강하고 빠른 느낌에서 선의 활용은 직선을 빼놓을 수 없는 데요, 대부분 직선으로 표현을 하게 됩니다. 특히 윗부분이 굵고 밑이 얇은, 혹은 반대로 밑이 두꺼운 표현들이지요.

무엇보다 직선이라는 부분을 활용해보셔야 해요. 직선은 여러분도 알다시피 바르고 곧은 이미지가 있지만, 우리는 똑바로 쓰는 게 목적이 아니라는 건 알고 계시죠?

곧은 직선으로 쓰지만 하나하나 추가할 것들이 많아지죠. 곧은 직선으로 쓰면서 자신이 생각할 때 중요한 부분의 문구는 크게, 아닌 부분은 작게 잘 어울리도록 쓰는 겁니다. 그러면 작게 쓴 문구는 크게 쓴 문구를 받쳐주게 되고, 작게 쓴 부분은 큰 부분과 어울려 구성을 이루게 됩니다.

이때, 직선을 서로 닿지 않게 잘 쓰는 것이 중요합니다.

서로 부딪히거나 닿아버리면 글씨가 뭉개져 보이고, 깔끔한 느낌이 줄어들어 버리죠. 그래서 서로 닿지 않고 어울리는 게 중요해요. 일단 직선이라는 부분을 잘 기억하시고 다음 필요한 요소를 넣어서 써보겠습니다. 바로 방향이에요!

직선을 쓰면서 방향이 적용이 안 되면 강하고 빠른 느낌을 주기가 어려워지죠. 그래서 직선과 함께 짝꿍으로 꼭 필요한 것이 바로 방향입니다. 이때 전체 느낌을 한 방향으로 사용하는 것이 좋아요. 앞에서 배웠던 귀엽고 발랄한 느낌이 여러 방향을 사용할 때 효과적이었다면 이번엔 한 방향으로 이어나가는 게 효과적입니다. 특히 오른쪽에서 왼쪽을 향하는 것이 강하고 빠른 느낌을 표현하는데 아주 좋지요.

반대로 사용해도 되지만, 오른쪽에서 왼쪽이 왼쪽에서 오른쪽보다 효과적이에요. 방향은 강하고 빠른 느낌에서 꼭 필요한 부분이에요. 직선을 아무리 잘 적용해도 방향이 빠지면 그 느낌이 확 줄어들거든요. 이 점 꼭 기억하자고요!

세 번째는 바로 속도에요. 직선으로 쓰는 것, 방향, 다 기억했지만 쓰는 속도가 잘 적용되지 않으면 그것이 효과적이기 어렵습니다. 여기서 강하고 빠른 느낌은 예상하신대로 빠르게 쓰는 것이 중요합니다. 빠르게 쓸 때 그냥 단순하게 필기할 때처럼 빠르게 쓰는 것이 아니고요, 선 하나하나에 빠른 속도감을 주는 거예요.

속도감을 줄 때 방법이 있습니다. 손목이 아니라 손가락을 움직이는 방법이죠. 손목을 고정시켜 놓고, 검지를 이용해서 선을 그어 봅니다. 이때 속도를 빠르게 해야 하고요. 사진을 통해서 살펴봅시다.

검지를 움직여서 속도감을 주면 빠른 표현이 잘 됩니다. 이때 붓이 닿는 면적을 잘 조절해야 한다는 것 잊지 마세요.

이 방법을 사용하면 직선은 물론이고, 굵었다 얇아지는 굵기 변화 표현까지 가능하거든요. 이렇게 되면 자연스럽게 빠르고 강한 느낌이 들지요. 속도감을 주면 좋은 점 또 하나는 바로 갈라지는 느낌이 가능하다는 거예요. 획이 갈라지면서 빠르고 강한 느낌을 마구 쏟아주지요. 이것이 중요한 무기가 되어 주기도 합니다. 이 방법을 꼭 사용해보시길 바라요!

돈벌락
맞게
해달라

구조의 활용

항상 핵심이 되는 부분입니다. 바로 구조예요. 강하고 빠른 느낌은 단순히 옹기종기 모여 있다고 해서 그 특징이 살아 나지 않습니다. 시원하게 뻗은 획, 그리고 무엇보다 마무리 부분이 중요해요. 마지막 글씨가 작거나 힘없이 써 지면 전체를 강하고 빠른 느낌으로 포괄할 수 없습니다. 따라서 구조를 형성할 때 강조하고자 하는 부분이 어느 것인지, 어떤 구조로 형성할 것인지 생각한 후 붓을 들어야 합니다. 자, 아래 예시를 보면서 살펴보지요.

누가먼저할것도없이?

내용 보시는 것과 같이 한 줄로 썼을 때와, 마지막 글씨가 작고 힘없는 것은 그 효과가 떨어진다는 걸 알 수 있습니다. 한 줄인 경우는 서술하는 느낌이 많이 들고, 임팩트가 적용되기 어려워요. 마지막 글씨가 작고 힘없게 써진 경우는 말 그대로 문이 닫히지 않은 것처럼 균형이 맞지 않고 힘이 없어 보여요. 그럼, 이 부분을 살짝 바꿔볼게요.

어때요? 아주 작은 부분만 바꿨는데도 균형감과 표현하고자 하는 느낌이 확 살아나지요? 이게 바로 구조의 힘입니다.

마지막 글씨는 '다', '나', '까' 와 같이 그 한 글자만 보면 큰 의미가 없는 경우가 많지만, 그것이 갖는 힘은 생각보다 여러 가지입니다. 문을 닫아주는 역할처럼, 마무리의 이미지를 주는 동시에, 강하고 빠른 느낌을 표현하는 안에서는 크고 진하게 쓰여 그 표현을 더 짙게 해 줍니다.

구조를 활용하지 않은 예에서 봤듯이, 마지막 글씨가 힘없이 써지면 문장 전체가 힘없이 느껴질 수 있어요. 그 부분만 보아도 여러분들이 바꿔서 생각할 것에 대해 확인이 되지요! 이처럼 구조는 캘리그라피의 어떤 표현에서도 빠지지 않는 중요한 부분입니다.

캘리그라피는 이렇게 작은 부분만 바꿔도 전체적 이미지, 또는 표현하고자 하는 부분이 달라진다는 것은 기억해볼 만하지요. 강하고 빠른 느낌은 보기엔 성숙하고 어려울 수 있어도 아주 작은 특징들로 금방 익숙해 질 수 있는 글씨체입니다. 지금 바로 시도해 보세요.

하루종일
매질듯이

지는게 ?
이기는거야

강하고 빠른 느낌을 표현하는 도구

02

그렇다면 어떤 도구가 적합할까? 바로 궁금해지기 시작하셨죠?

[붓펜]

제가 추천하는 강하고 빠른 느낌을 표현하는 첫 번째 추천 도구는 바로 붓펜입니다.

붓펜은 붓의 갈라지는 느낌 + 굵기 표현이 용이하기 때문에 가장 적합한 도구로 손꼽을 수 있지요. 특히 서예붓을 바로 들기에 부담스러운 분들께 강력 추천! 제가 추천하는 붓펜은 여러분들이 일반적으로 알고 계신 붓펜이 아닌 것 아시죠? 붓모가 다 살아있는 붓펜이어야 제가 설명 드린 모든 것이 표현 가능할 거예요. 붓의 면적으로 굵기 표현을 다르게 하고 붓을 기울여 방향을 오른쪽에서 왼쪽으로 표현해 봅니다. 붓모와 속도감만으로도 강하고 빠른 느낌을 표현할 수 있어요!

[나무젓가락]

두 번째 추천 도구는 나무젓가락입니다.

의아해하시는 분들이 많을 거예요. 나무젓가락? 젓가락은 먹을 때 쓰는 건 아니야? 글씨를 쓴다고? 어떻게 그게 가능하지? 라고 생각하실 수 있지만, 나무젓가락의 뭉툭한 부분을 살려 먹물을 이용해 편안하게 글씨를 써봅니다. 특히 강한 느낌의 캘리그라피는 속도감이 중요하니 이 점을 잊으시면 안 돼요. 나무젓가락 자체를 부담스러워하시는 분들도 많지만, 사실 아주 쉽고 편안한 도구입니다.

나무젓가락은 쉽게 구할 수도 있고, 재미있는 표현들이 많이 나오기 때문에 생각지도 못한 표현들이 마구 쏟아집니다. 특히 나무젓가락을 살짝 기울여서 얇은 면을 이용하면 얇게, 두꺼운 면을 빡빡하게 쓰면 둔탁하고 강하게 표현이 되기 때문에 글씨의 굵기 조절도 가능합니다. 예시를 함께 보시면 아, 이런 느낌이구나 하고 아실 수 있을 거예요!

특히, 강하고 빠른 느낌은 굵고 둔탁하기만 하다고 해서 좋은 것이 아닙니다. 속도감이 중요하기 때문에 두껍고 둔한 느낌만으로 표현을 한다면 오히려 그 느낌을 표현하는 데 방해가 되지요. 이 점, 참고하셔서 바로 나무젓가락 들어보시면 어떨까요? 생각보다 쉽고 표현도 잘 돼서 깜짝 놀라실 거예요.

강하고
빠른 느낌: 정리

강하고 빠른 느낌을 표현하는 방법에 대해 정리해 볼게요.

1. 직선으로 쓴다.
2. 검지를 움직여 속도감을 준다.
3. 방향은 한 방향으로 한다.
4. 마지막 글씨는 크거나 진하게 마무리 한다.
5. 도구는 붓펜 또는 만년필과 같이 촉이 날렵한 것을 사용한다.
6. 이쑤시개, 나무젓가락과 같이 의외의 도구도 좋다.

기억나시죠? 이 특징들만 기억하면 강하고 빠른 느낌은 어렵지 않게 소화하실 수 있어요. 주변에서 강한 느낌을 필요로 할 때도 많거든요. 누군가에게 확실한 무언가를 전달할 때, 우리 회사 목표를 표현하는 PPT 파일에, 강한 뜻을 전하고 싶을 때 등등 다양하게 사용할 곳이 있답니다. 기억하시고 꼭 활용해 보세요!

넘자!
넘자 넘자
넘자 하게

외롭고
슬픈 느낌의
캘리그라피

외롭고 슬픈 느낌의 캘리그라피 파트 입니다. 이 파트에서는 외롭고 슬픈 느 낌의 캘리그라피를 쓰는 포인트와 함께 이에 적합한 도구도 함께 알아보겠습니 다. 다양한 예시로 함께 할게요.

외롭고 슬픈 느낌의 캘리그라피

가만히
마음을 위로해주는

우리 안에 있는 무수한 감정 가운데 스스로 토해내고 싶은 것 중 하나가 바로 외롭고 슬픈 감정이지요. 혼자만의 쓸쓸한 고독함을 캘리그라피로 풀어낼 때의 후련함이란 말로 설명하기 어렵습니다. 특히 제가 요즘 가장 많이 활용하고 있는 캘리그라피 글씨체인데요, 처음엔 시도하기 어려울 수 있어도 포인트만 살짝 알고 있으면 익숙해지는 건 시간문제예요. 성숙해진 자신의 캘리그라피 글씨체에 푹 빠지면 계속 이어가게 되는 게 바로 외롭고 쓸쓸한 느낌의 글씨체입니다. 그만큼 매력적이고 풀어내는 힘이 아주 깊다는 것을 미리 알려드려요. 외롭고 슬픈 느낌의 캘리그라피는 굉장히 고차원적인 스킬을 요하는 글씨체입니다. 형성하는 방법에 대해 세밀하게 알려드릴 테니 하나씩 하나씩 채워나가 보시길 바라요!
먼저, 외롭고 슬픈 캘리그라피 글씨체에 필요한 것들을 알아볼게요.

내려갈때
보았네
올라갈때못본

그꽃

표현할 수 있는 재료는 어떤 것이 좋을까요?

외롭고 슬픈 느낌의 캘리그라피는 붓이 효과적입니다.

흘러내리듯 쓰는 것이 외롭고 슬픈 느낌의 가장 필요한 스킬이기 때문에 이 표현을 하는 데에는 붓이 효과적이기 때문입니다. 하지만, 우리는 붓펜으로 시도해보겠습니다. 외롭고 쓸쓸한 느낌에 아주 잘 어울리는 재료거든요!

선의 활용

선부터 생각해봅시다. 외롭고 쓸쓸한 선은 자연스럽게 흘러내리는 것이 키포인트입니다. 자연스럽게 흘러내리는 것을 표현하려면 일단 손에 힘이 들어가지 않는 것이 중요한데요, 붓을 가볍게 쥐고 자신의 몸 쪽으로 살짝 당긴다고 상상해보시면 됩니다.

살짝 곡선을 띄게 선을 긋는다고 생각해 보세요. 처음 접하는 선이기 때문에 생소해서 어려울 수 있지만 하나하나 포인트를 생각하여 시도해보면 잘 따라하실 수 있을 거예요. 이 선은 자기 쪽으로 당기면서 살짝 곡선을 띄게 합니다. 이때 붓을 살짝 들어주기도 해야 해요. 그래야 첫머리보다 꼬리가 자연스럽게 얇아지면서 흘러내리는 형태를 띄게 되지요. 외롭고 쓸쓸한 선은 아랫부분이 무거우면 그 느낌을 잘 담을 수 없습니다. 잘 표현하기 위해서는 선의 아랫부분으로 갈수록 얇은 선을 띄어야 합니다. 그때 굴곡, 즉 선의 두께가 급격하면 안 되고 자연스럽게 굵었다 얇아져야 합니다. 글씨 안에 급격함 없이 두께감을 주기 위해서는 첫머리가 너무 두꺼우면 안 되겠죠? 첫머리와 끝이 극단적으로 차이가 나는 것보다는 마치 그러데이션을 연상하게끔 굵은 부분과 얇은 부분이 자연스럽게 이어지면 됩니다.

외롭고 쓸쓸하다, 뭔가 흩날리고 하늘거리는 느낌이 연상되기도 합니다. 거칠고 투박한 바람이 아니라, 옷깃을 스치는 듯한 가을바람 같은 것 말이죠. 바로 그것입니다.

처음 시작할 때 붓을 살짝 대고 내 몸 쪽으로 당기면서 붓을 살짝 들어줍니다. 일단, 직접 보시고 따라해 보면 좋을 것 같아요. 굴곡은 오른쪽에서 왼쪽으로 당겨지는 것이 자연스럽습니다.

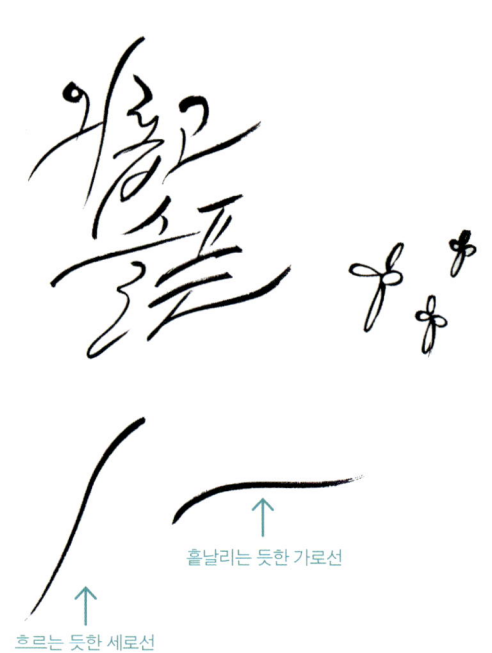

흘날리는 듯한 가로선

흐르는 듯한 세로선

S자를 펴서 쓰는 형태로 붓을 잡은 손은
변화되지 않고 손 전체 즉 손목을 이용해
굵었다 얇아지는 포인트에 집중하면서
흐르는 듯이 선을 그어줍니다.

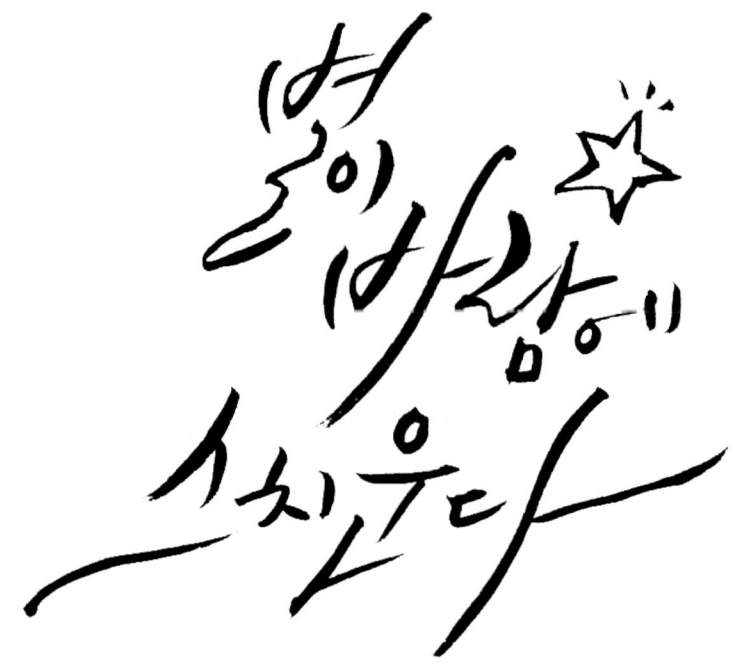

저는 이때 꽃향기를 상상합니다. 은은하게 퍼지며 흡수되고 느껴지는 향기 같은 것 말이죠. 너무 간질간질하지만, 정말 감성적으로 간질간질 젖어버려야 할 수 있는 선이기도 하거든요.

지금 설명 드린 부분은 가로선과 세로선 모두에 해당됩니다. 이때 선은 키가 클수록, 길이가 길수록 효과적입니다. 하지만 너무 과하면 안 되는 것 아시죠? 앞에서 배운 것처럼 캘리그라피는 균형감이 상당히 중요합니다.

선이 어느 정도 익숙해졌다면 이제 자음과 캘리그라피 글씨체의 구성에 대해 알아볼게요. 외롭고 쓸쓸한 느낌은 자음이 크기가 크면 그 균형감과 느낌이 살아날 수 없습니다. 자음은 작게 표현하는 게 적절합니다. 생각해 봅시다. 선이 얇고 흩날리는 느낌으로 썼는데, 'ㅇ' 또는 'ㅁ' 같은 자음이 크게 자리하고 있으면 잘 어울리지 않는 느낌이 들겠지요. 게다가, 'ㅇ, ㅁ, ㅂ'처럼 공간이 있는 자음이 커지면 둔하고 둔탁한 느낌이 나기 때문에 외롭고 가녀리고 쓸쓸한 느낌을 표현하는 데에 이런 자음들이 크기가 커지면 독이 됩니다. 그래서 자음의 크기는 작게 선의 키는 크게 바람을 후 불면 날아갈 것처럼 잔잔하게 쓰는 것이 중요해요. 자, 이제 글씨 하나를 구성할 수 있는 힘을 가졌다면 구조를 잘 잡아 균형미를 가져볼까요?

알 수 없는 그 계절의 끝

세 번째, 방향의 활용입니다. 다른 느낌 공부할 때 계속해서 나왔듯이 방향이라는 것이 글씨 모양이나 구조만큼 중요합니다. 외롭고 쓸쓸한 느낌에서는 어떤 방향을 선택해야 할까요?

적극적인 방향의 활용보다는 오히려 꼬리 선에 집중해서 축 늘어지게 세워놓는 것이 더 효과적입니다.

그렇기 때문에 방향을 여러 가지로 활용하려 하거나, 한 방향으로 집중되어 투입하는 것 대신 그냥 축 늘어지게 표현하시면 될 것 같아요. 사실 선들이 대체적으로 곡선을 띄고 있기 때문에 방향이라는 것이 의도하지 않아도 자연스럽게 노출될 수 있습니다. 방향이 어려웠다고 느끼신 분들에게는 자연스럽게 노출되는 방향을 느낄 수 있는 고차원적인 캘리그라피 시도가 될 것 같아요!

네 번째, 이제 전체 구조를 고민해 봅시다. 외롭고 쓸쓸한 느낌은 꽉 짜인 구성보다는 조금 느슨한 구성이 좋습니다. 그래서 저는 쓸 때에 한 가운데에 쓰기보다는 여백을 자주 활용합니다. 아무래도 여백이 있으면 여유로워 보이고, 외롭고 쓸쓸하고 가녀리고 서글픈 느낌을 주는 데에 더욱 효과적이기 때문이에요.

여백을 줄 때에도 줄을 딱 맞추는 것보다 흘러내리듯 쓰는 것이 좋습니다. 흘러내리듯 쓰려면 자신의 머릿속에 구성이 다 되어 있어야 해요. 전체 문구를 이미지화해서 한 장에 넣고 붓을 대는 것이 중요합니다. 처음 붓을 아무 곳에나 대고 시작했다가는 여백도 아니고, 균형도 맞지 않는 아주 어설픈 형태가 되기 때문입니다. 꼭 여백을 활용해 보시길!

또 하나의 방법은 글씨 자체에 그러데이션을 넣는 것입니다. 처음에 흐리다 아래로 갈수록 진해지는 방법을 택할 수 있죠. 먹물의 농도를 다르게 하여 그러데이션을 주는 방법도 있지만 캘리그라피 글씨체 자체의 굵기를 활용하여 그러데이션 효과를 줄 수도 있습니다. 예시를 감상하시면서 함께 해보시길 바라요!

자세히
보아야
예쁘다
그래 보아야
사랑스럽다
너도 그렇다

외롭고 슬픈 느낌은
여백을 활용하는 것도 좋은 팁!

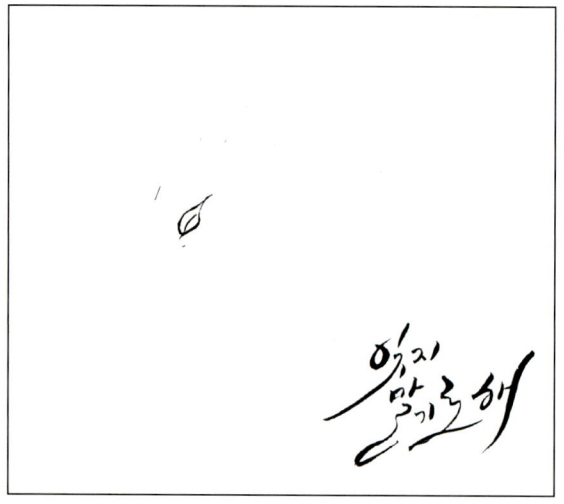

끝도 없는
그 계절의 끝
나는 너를
사랑하고 있던걸까

깨진 것은 지나간 때 그런 의미가 있죠

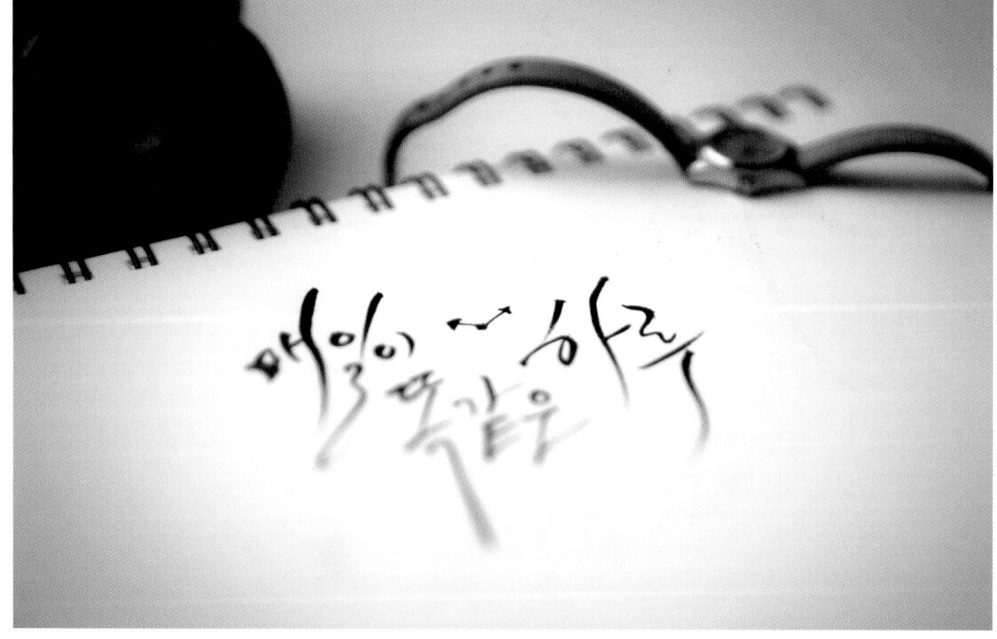

매일이 똑같은 하루

어떤 도구를
사용하는 것이 좋을까

02

> **다양한 도구의 활용**

자, 위에서 붓펜으로 활용할 수 있는 방법을 살펴 봤습니다. 이번엔 외롭고 쓸쓸한 느낌과 어울리 는 다른 도구를 찾아보도록 할게요.

<u>외롭고 쓸쓸한 느낌을 표현하기 위해 사용할 수 있는 도구 중, 제가 강력하게 추 천하는 도구는 바로 나뭇가지입니다.</u>

응? 어떻게 나뭇가지로 글씨를 쓸 수 있단 말이지? 하고 갸우뚱 하실 텐데요, 나뭇가지에 먹물을 묻혀 쓰는 방법이 있습니다.

붓의 흐느적대는 느낌이 외롭고 쓸쓸한 느낌의 흐느적대는 바람 같은 표현이라면, 나뭇가 지로 표현하는 외롭고 쓸쓸한 느낌은 미완성적인 이미지로 생각을 전하는 것이 포인트입 니다.

나뭇가지는 의외로 글씨가 아주 잘 써지는 것은 물론이고, 나뭇가지라는 독특한 상징성을 갖고 있기도 합니다. 사실, 나뭇가지로 쓰는 것보다 떨어진 나뭇가지를 구하는 것이 더 어 려웠어요. 살아있는 나무의 나뭇가지를 잘라서 쓰는 것보다는 떨어진 마른 나뭇가지로 쓰 는 것이 더욱 효과적입니다. 나무를 위한 일이기도 하고요.

길거리에 떨어진 마른 나뭇가지를 주워 먹물을 묻혀 쓰는 거예요. 글씨체는 붓으로 쓰는 것과 달리 딱딱하고 삐뚤빼뚤하게 씁니다. 오히려 붓으로 표현하는 것보다 쉬울 수 있어 요. 나뭇가지가 갈라졌다면 그 느낌도 그대로 표현합니다. 그리고 조금 성의 없이 쓰는 것 이 오히려 효과적이라는 것! 딱딱하고 삐뚤빼뚤하게 쓰는 방법을 이용해볼게요. 예시를 보 시면 어떤 건지 알 수 있으실 거예요.

나뭇가지는 굵기 조절이 의도한대로 되기가 쉽지 않은데, 일부러 굵기 차이를 주려고 하는 것보다 그냥 나뭇가지 느낌 그대로 나타날 수 있도록 하는 게 좋습니다. 단, 먹물이 묻어서 유지 되는 데에 차이가 있으므로, 붓보다 비교적 자주 먹물을 묻혀 쓸 수 있도록 하시면 좋겠네요! 나뭇가지로 쓰는 것이 생소하고 익숙하지 않기 때문에 낯설 수 있지만, 나뭇가지로 쓰고 있는 것 자체가 어찌 보면 낭만 그 자체입니다. 사실 저는 외롭고 쓸쓸한 문구는 물론이고 송년회 때 한해를 마무리하는 카드에 사용하기도 하는데요. 희망찬 새해를 맞이하는 느낌을 위해 강하고 힘 있게 쓰는 것도 좋겠지만, 벌써 한해가 또 저물어간다는 아쉬움을 담아 나뭇가지로 쓰는 것도 굉장히 매력적인 시도예요.

또, 나뭇가지는 쓸 때의 느낌도 상당히 매력적이죠. 손가락에 얇게 잡힌 아슬아슬한 느낌으로 글씨를 쓰고 있다는 사실은 여간 신기하고 설레는 경험이 아닙니다. 꼭 시도해 보시길 바랄게요!

외롭고 쓸쓸한 느낌을 표현하는 또 다른 도구! 바로 연필입니다.

연필은 뭔가 부족한 느낌을 주기 마련이죠. 연필은 그림을 그리기 전 스케치나 간단한 메모를 할 때 사용하게 되니까요. 볼펜이 또렷한 이미지라면 연필은 완성으로 가기 전 미완성의 단계로 보이는 경우가 많아요. 그렇기 때문에 외롭고 쓸쓸한 느낌과 연결되는 부분이 많습니다.

연필로 쓰는 것은 붓으로 쓸 때와 비슷합니다. 하지만 연필은 굵기 조절이 어려우므로 어떻게 보면 나뭇가지로 쓰는 것과도 비슷하고요. 그래서 붓으로 쓰는 방법에서 굵기 부분을 제외하고 흐느적대듯이 쓰면 효과적이라는 말씀을 드리고 싶습니다. 연필로 쓰는 것은 자연스러운 선이 중요합니다. 흐느적대듯, 스치듯, 써 보시면 될 것 같아요. 예시를 보시면 느낌이 올 거예요.

외롭고 쓸쓸한 느낌: 정리

그럼, 이제 하나씩 정리해서 다시 기억해 볼게요.

- 굴곡이 심하지 않은 곡선으로 표현한다.
- 2개 굴곡을 주되, 자신의 방향으로 붓을 당기듯 쓴다.
- 오른쪽에서 왼쪽으로 당기듯 생각하며 선을 그을 때 살짝 붓이 닿는 면적을 줄인다.
- 방향은 크게 신경 쓰지 않고, 곡선의 구성에 더 집중한다.
- 자음의 크기는 작게, 모음의 세로선은 키가 크도록, 가로선은 길게 늘어지도록 쓴다.
- 구조는 여백을 활용하고, 글씨와 글씨의 간격도 느슨하게 하여 전체적으로 여유 있는 구조를 갖게 한다.

나는 너를
사랑하고
있던걸까

붓 외에 외롭고 쓸쓸한 느낌
과 어울리는 도구로는 나뭇
가지와 연필 등이 있습니다.

정말...
나는 니가
미안해하거나
후회할까봐
아프지도 죽지도 않을거니까

오늘도
무사히

독특한 느낌의
캘리그라피

독특한 느낌의 캘리그라피 파트입니다. 이 파트에서는 독특한 느낌의 캘리그라피를 쓰는 포인트와 함께 이에 적합한 도구도 함께 알아보겠습니다. 다양한 예시로 함께 할게요.

고풍스러운 느낌의 캘리그라피

01

<u>첫 번째로 소개할 느낌은 고풍스러운 느낌이에요.</u>

지금까지 귀엽고 발랄한 느낌, 강하고 빠른 느낌, 외롭고 쓸쓸한 느낌에 대해 살펴보았다면 이것들 외에 생각해볼 수 있는 여러 가지 느낌을 열어놓고 생각해보려고 합니다. 어떤 것이 있을까……. 여러분들이 마음속으로 이것이었으면 좋겠다고 생각한 것과 맞아 떨어지면 좋겠습니다.

캘리그라피라고 하면 붓의 느낌이 잘 담겨 있고, 자연스럽게 서예라는 장르도 떠오르기 마련인데요, 옛 서당의 소년들이 떠오를 만큼 예스러운 정서가 담겨있는 아주 고풍스러운 캘리그라피 글씨체를 배워보도록 하겠습니다.

고풍스러운 캘리그라피 글씨체는 제목으로도 많이 사용되며, 그림을 그리시는 분들은 그림 옆에 놓아도 튀지 않고 자연스럽게 녹아들기 때문에 활용도가 아주 높은 글씨체이기도 합니다. 간단한 표현 스킬에 대해 알아볼게요!

선의 활용

첫 번째, 고풍스러운 느낌은 어떤 선을 사용하는 게 좋을지 살펴봅시다! 고풍스러운 느낌은 일단 선이 뚱뚱해야 합니다. 무게감이 있어야 글씨 전체의 느낌이 묵직하고 고풍스러울 수 있거든요. 얇은 선 보다는 두꺼운 선을 택합니다.

굵기도 왔다갔다 다양한 것 보다는 한 획 한 획 간결하게 표현하는 것이 좋아요. 굵기의 차이는 있지만, 한 선에 너무 다양한 굵기를 넣기보다는 한 획에는 한 가지 굵기를 택하는 것이 좋습니다. 따라서 굵기의 변화가 너무 복잡하게 형성되어 있는 것 보다는 은근한 게 좋겠지요?

글씨의 구성 모양의 활용	굵기가 은근했으니, 글씨의 구성도 차분한 것이 좋습니다. 너무 들쑥날쑥하여 정신없이 보이는 것보다 차분하고 은근하게 형성되어 있는 것이 도움이 됩니다.

또, 글씨의 모양은 가로로 퍼져있고, 키가 작은 것이 더 효과적인데요, 따라서 옆면이 넓은 직사각형을 상상하며 글씨를 쓰면 좋을 것 같아요. 글씨 하나하나의 모양이 중요합니다. 지금껏 화려하게 사용했던 방향이나 굵기를 잠시 내려놓고 간결하고 균형 있게 쓰는 것에 집중해 보시면 됩니다. 예시를 보시면 더 이해가 빠르실 것 같아요.

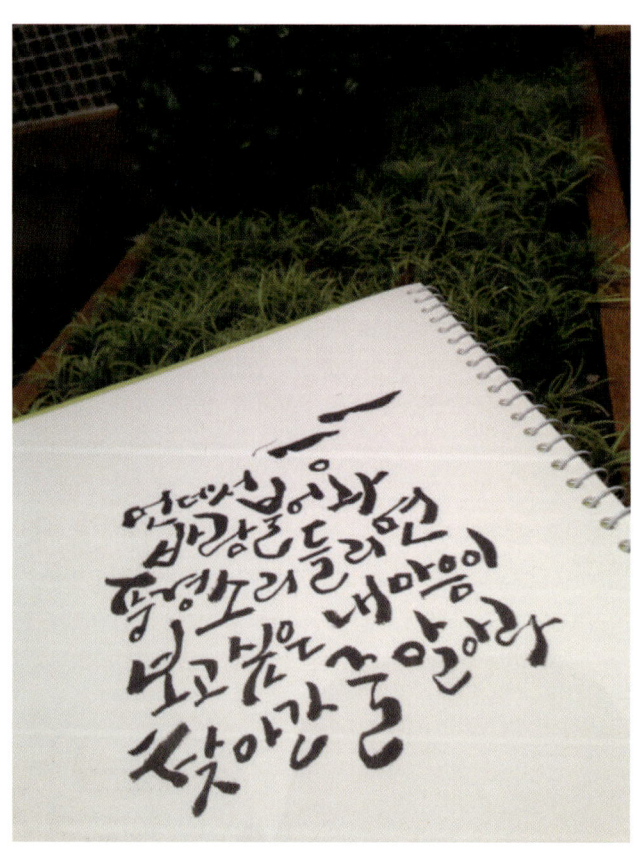

정호승 님의 '풍경 달다' 中 허수연 씁니다.

방향은 크게 신경 쓰지 않으셔도 돼요. 나란히 서 있는 것이 고풍스러운 느낌의 캘리그라피에는 더 많은 도움이 됩니다.

방향보다는 글씨의 높낮이에 더 집중해보는 것이 좋을 듯하니 화려한 방향을 사용하는 것보다는 오르락내리락하는 높낮이로 새로운 방향의 세계에 접근해보시길 바라요!

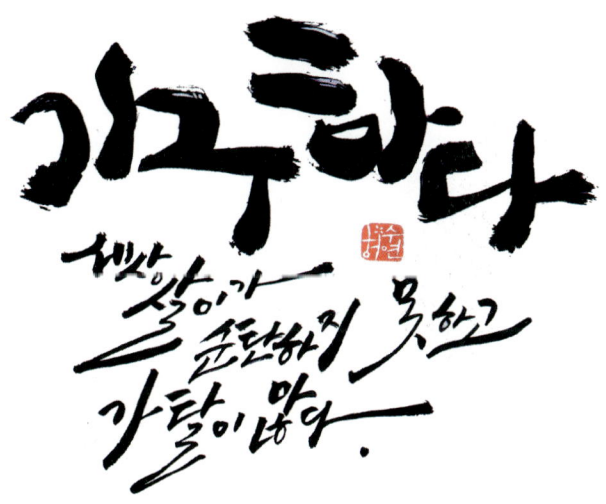

구조의 활용

방향의 활용에서 설명하였듯이 방향을 많이 사용하지 않으므로, 구조 또한 간결한 형태를 띱니다. 나란히 배치하거나, 나란한 게 너무 심심하게 느껴진다면 끼워 넣는 방법을 선택해 보세요. 끼워 넣는 것은 글씨의 받침이나 짜임의 형태를 이용하여 글씨가 서로 어울리도록 배치하는 것입니다. 특히 고풍스러운 글씨에서는 받침을 선택하는 것이 더 효과적인데요, 받침의 크기를 키우거나 앞부분 또는 뒷부분으로 당겨서 사용을 하면 적절한 비율과 배치를 갖게 됩니다. 간결하게 사용하시면 될 것 같은데 앞부분에서 해왔던 것과 달라서 약간 갸우뚱하다면 예시를 보시면서 다시 시도해 보시면 됩니다.

퍼지는 느낌의
캘리그라피

02

<u>두 번째는 퍼지는 느낌의 캘리그라피예요.</u>

특히 이 캘리그라피는 붓을 다룰 줄 아는 힘이 중요합니다. 붓을 뭉개면서 써야하기 때문이죠. 그래서 삐뚤게 쓰여 있지만 고난도의 글씨이기 때문에 평가의 척도가 되기도 하는 캘리그라피입니다. 붓이 갖는 힘과 나의 힘을 하나로 합쳐 퍼져나간다고 생각하시면 또 짜릿한 경험이 될 것 같네요. 특히 이 퍼지는 느낌은 글씨 전체를 쓸 때보다 제목을 표현할 때 훨씬 효과적입니다. 퍼지는 느낌이 계속 연속적이면 전체적 구조의 편안함 또는 가독성 면에서 약해지기 때문이죠. 제목으로 시선을 확 당기고, 내용 부분에서 이와 표현적 차이가 있는 다른 캘리그라피 느낌으로 표현을 하면 서로 강조가 되어 훨씬 표현력이 가중됩니다. 이런 부분을 참고하여 쓰는 법 한번 알아볼게요!

선의 활용에서 가장 중요한 것은 붓의 면적을 많이 사용해야 한다는 것입니다. 다시 말해, 붓을 눌러서 써야 한다는 거죠. 붓을 뭉개듯 누르면서 밀듯이 씁니다. 굵기는 당연히 굵을 수 있고요! 이때, 선이 가지런해야 한다는 생각은 잠시 내려놓으시고, 밀면서 삐뚤빼뚤하게 퍼져나가듯 써보는 겁니다.

퍼지는 느낌의 글씨는 정돈이 잘 되고 보기 쉬운 느낌보다는 에너지를 뿜어내는 듯한 강한 인상을 주는 느낌이기 때문에 힘이 많이 주어 삐뚤빼뚤하게 쓰는 것이 효과적입니다. 선을 밀듯이, 그리고 삐딱하게 써보세요. 선의 예시를 보여 드릴게요.

붓을 뭉개듯이 비틀면서 긋습니다.
붓을 흔들어서 선이 굵고 결이 불규칙하게 생기도록 합니다.
자연스럽고 고풍스러운 선이 만들어집니다.

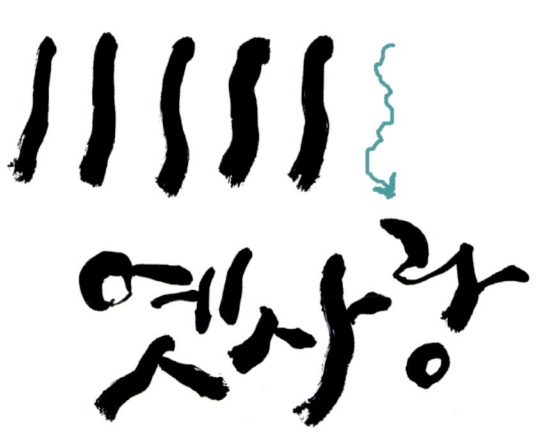

퍼지는 느낌은 일단, 묵직해야 합니다. 그럼, 굵기도 굵을 수밖에 없겠죠? 앞서 설명했듯이 붓을 눌러 뭉개지듯 쓰기 때문에 글씨의 획은 굵은 게 당연합니다.

그리고 삐뚤빼뚤 쓰면서 갖는 글씨의 균형감이 중요합니다. 이 부분이 어렵다고 느낄 수 있어요. 삐뚤빼뚤 쓰면서 균형감이라니? 하지만 우리 한글은 받침의 활용이나 자음의 활용으로 균형을 갖기 좋기 때문에 조금만 생각해보면 방법은 아주 많습니다.

글씨의 전체적 모양에는 정해져 있는 틀이나 획일적인 모양보다는 자연스럽고 자유로운 표현이 필요합니다. 이거 이렇게 쓰면 너무 위태로워 보이는 거 아니야? 라고 생각할 수 있지만, 굵은 글씨는 위태로움 보다는 안정된 느낌을 주기 때문에 크게 걱정하지 않아도 돼요. 자연스럽고, 자유로운 것. 어떻게 보면 참 어렵다는 생각이 들 수 있는데, 뭉개는 느낌과 함께 생각하며 써 보면 분명 금방 쓰실 수 있을 거예요. 예시를 보면서 생각해 봅시다.

퍼지는 느낌의 캘리그라피는 획이 자유롭고, 굵기도 굵기 때문에 다른 캘리그라피에 비해서 방향을 많이 사용할 필요는 없습니다. 그래서 저도 퍼지는 느낌의 캘리그라피는 방향은 따로 의식하지 않고 쓰는 경우가 많아요. 굵기와 획 면에서 붓을 눌러 밀면서 쓰는 것에 집중해 보시고, 방향은 잠시 내려놓을게요.

구조는 다른 캘리그라피에 비해서 특이합니다. 퍼지는 느낌을 자연스럽게 이어갈 수 있어야 합니다. 이때 서로 부딪히지 않는 형태, 즉 너무 딱 맞게 끼워 넣지 않고 느슨하게 끼워 넣는 것이 필요해요. 앞에서 설명했듯이, 퍼지는 느낌은 글자들이 딱 들어맞는다기보다는 느슨하게 형성되어 있는 느낌이 더 큽니다.

하지만 느슨하다고 해서 힘이 없어 보이지는 않죠. 굵기가 소화를 해주니까요. 이처럼 캘리그라피에서는 갖고 있는 요소를 모두 사용한다고 해서 무조건 잘 쓴 것처럼 보이는 것은 아닙니다. 그 느낌을 표현하기 위해 필요한 소스를 선택적으로 사용하는 것이지요. 그렇기 때문에 소스들이 갖고 있는 특성을 파악하는 것이 매우 중요합니다. 다시 말해, 퍼지는 느낌의 캘리그라피에서는 붓을 눌러 밀면서 쓰는 획, 즉 선이 중심이기 때문에 방향이나 구조는 완벽하게 짜인 것 보다는 자연스러운 것이 더 효과적입니다.

가벼운 느낌의 캘리그라피

03

> 선과 방향의 활용

세 번째, 가벼운 느낌의 캘리그라피예요.

지금까지는 굵기 조절하면서 힘을 줬다 뺐다 하기도 했고, 방향을 생각해야 해서 받침의 위치까지도 고민을 했었는데, 이제 자연스러운 닐림 현상만 이용하는 캘리그라피도 알려드릴게요.

가벼운 느낌의 캘리그라피는 손의 스냅을 이용해서 자연스럽게 쓰시면 됩니다. 방향은 한쪽 방향이고 굵기는 큰 변화가 없지만 얇은 것이 가벼움을 표현하는 데에 더 효과적이죠. 우리가 지금까지는 붓펜으로 연습을 많이 했는데 가벼운 느낌의 캘리그라피는 여러분들께 익숙한 네임펜 종류로도 표현이 가능합니다. 말 그대로 가볍게 터치감을 이용해서 쓰는 글씨에요.

대신 가벼운 만큼 마치 잘 날아갈 것처럼 획 사이의 간격도 여유가 있고, 글씨의 굵기도 얇게 표현해보시면 됩니다. 그리고 가벼움을 위해 여백을 두시는 게 좋겠죠. 꽉 차거나 정 가운데 쓰는 것보다 흩날리듯, 그리고 여유 있게 여백을 두는 것이 훨씬 효과적입니다.

평소 쓰시던 글씨를 조금 날려 쓴다고 상상해보세요. 특히, 받침을 날려 쓰거나 세로획을 날리면 훨씬 효과적이죠. 아무래도 예시를 보시는 게 빠를 것 같은데요? 네임펜으로 가볍게 쓴 글씨입니다. 따라해 보셔도 좋아요.

가벼워진 하루

또, 독특한 느낌의 캘리그라피는 화려한 소스를 사용하지 않고, 담백함, 또는 무미건조한 느낌을 표현하기도 합니다. 어떤 건지 잠시 생각해보시겠어요?

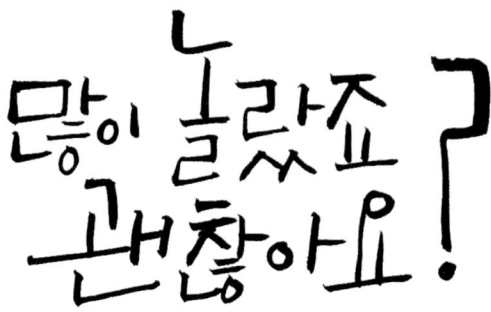

다양한 느낌의 캘리그라피! 각각의 느낌별 특징을 어떻게 표현하고 어떤 면을 부각시키느냐에 따라 다른 느낌을 전달할 수 있었습니다!

여러분의 인생의 다양한 가치관도 이렇게 다른 모습으로 있을 수 있겠죠?
짧게나마 생각해봤어요.

서로 다른 가치관&서로 다르게 표현하기

사람들과의
관계

정서적인
충만함

엉뚱한 선과 완성되지 않은 포인트를 이용해서 독특한 느낌을 표현할 수 있습니다.
새로운 상상력은 독특한 느낌의 캘리그라피에서 큰 도움이 돼요!

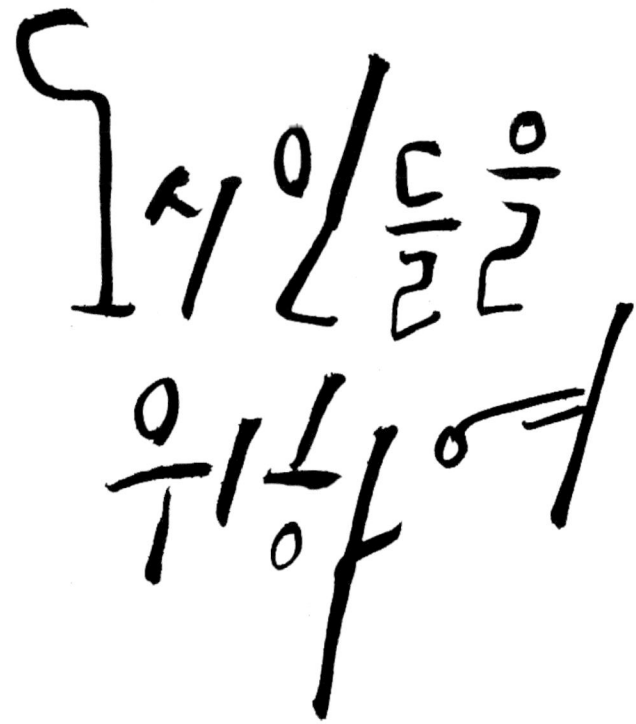

영문
캘리그라피

영문 캘리그리 파트입니다. 이 파트에서는 다양한 느낌의 영문 캘리그라피를 쓰는 포인트를 알아보겠습니다. 다양한 예시로 함께 할게요.

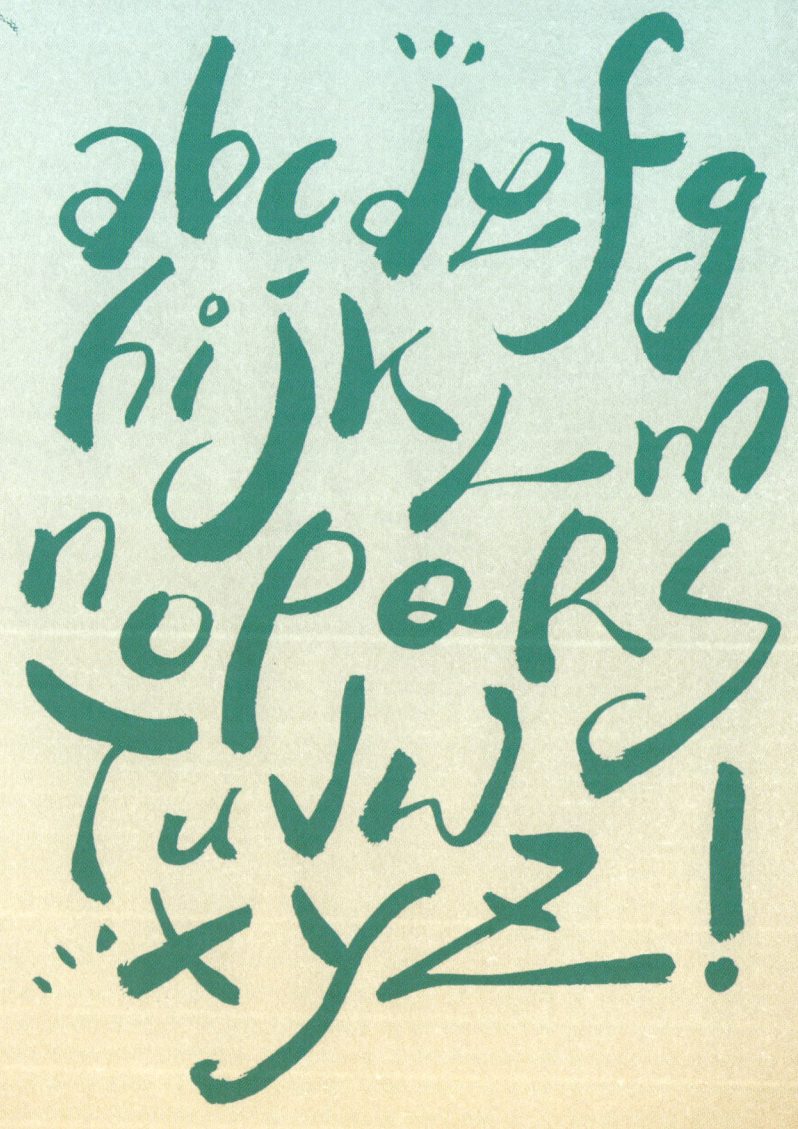

생활 속에서
빠질 수 없는

앞에서 한글 캘리그라피에 대해 다양하게 알아봤다면 이번엔 영문 캘리그라피에 대해 알아봅시다. 일상생활뿐만 아니라, 영문은 시즌별로 필요할 때가 많이 있지요. 이런 것들을 어떻게 소화하고 이끌어갈지에 대해서 생각해볼 거예요. 영문이라고 해서 한글과 전혀 다른 것은 아닙니다.

영문을 구성하는 알파벳의 특징을 알고, 그것에 생각과 이미지를 얼마나 투입해서 완성하느냐에 따라서 영문 캘리그라피는 달라집니다. 또한 알파벳은 자음과 모음 그리고 받침으로 구성되어 있는 한글보다 단순하고 간단하기 때문에 구성하거나 표현하는 데에 더욱 어려움을 느끼는 경우가 많습니다. 하지만 그 단순한 선이나 영문의 알파벳 구성을 선으로 생각해보면 표현할 수 있는 영역은 아주 다양해요. 자, 이제 알파벳 하나하나 그 구성과 표현할 수 있는 여러 영역으로 나눠서 생각해 볼게요.

[알파벳의 생김새]

A~Z 까지 다양한 알파벳의 모양을 유심히 살펴봅시다. 특히 영문은 소문자와 대문자가 따로 구성되어 있기 때문에 생각할 수 있는 영역이 조금 더 넓어집니다. 어떻게 표현할지 고민하지 마시고, 일단 알파벳을 만나볼게요.

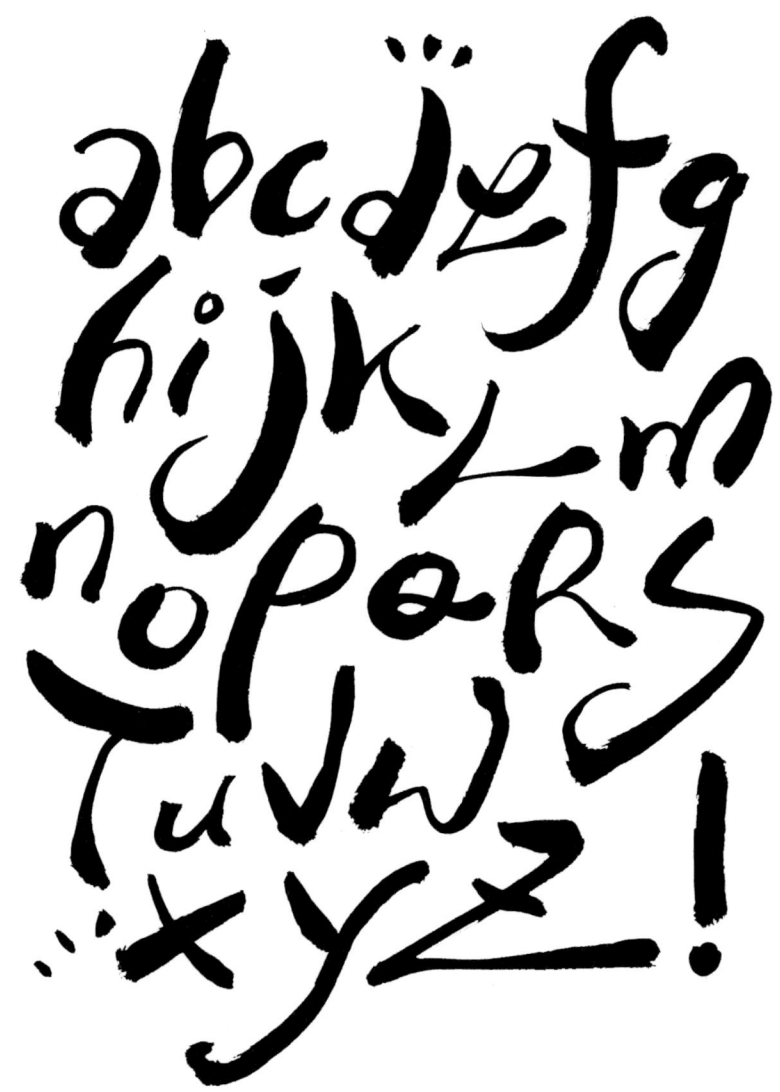

귀여운 느낌의
영문 캘리그라피

알파벳도 귀여운 느낌과 강한 느낌, 그리고 독특한 느낌별로 다양해요. 일단 귀여운 느낌의 캘리그라피부터 살펴보자고요!

귀여운 느낌은 역시 통통해야겠지요? 통통하고 발랄한 느낌은 한글 캘리그라피와 역시 비슷하게 구성할 수 있습니다. 일단, 붓으로 할 수 있는 것부터 살펴볼게요.

귀여운 느낌! 붓으로 써보자.

붓을 내리면 획이 굵어지고 올리면 얇아지는 건 알고 계시죠? 그리고 영문도 한글에서와 마찬가지로 키가 작은 것이 훨씬 효과적이에요. 영문 알파벳의 획을 다양하게 표현해 볼게요.

[선의 활용] 통통한 곡선을 이용합니다. 굵고 짜리몽땅한 선은 귀여운 느낌을 효과적으로 보여줍니다. 최대한 붓을 리듬감 있게 표현합니다. 자, 따라해 볼게요.

구조는 최대한 짜임새 있게 서로 끼워 넣고 어울리는 소스를 많이 사용하세요. 선의 단순함을 살려야 하기 때문에 어렵다고 생각하지 마시고 서로 어울리는 구조를 활용해 봅시다. 앞서 설명했듯이 기울기를 많이 활용하면 훨씬 효과적이에요. 여기서 기울기라는 건, 아시죠? 방향입니다. 다양한 방향으로 쓰는 것이 훨씬 좋아요. 알파벳 전체의 기울기가 아니라 한 부분으로 방향을 소화할 수 있지요. 예시를 보면서 다시 생각해 볼게요.

쓰임

귀여운 느낌은 많은 사람들이 공감할 수 있고, 정겨운 모델의 형태이기 때문에, 축하 메시지, 크리스마스 등등 사용할 곳이 아주 많습니다. 활용할 수 있는 부분도 함께 알아볼게요.

강하고 임팩트 있는 영문 캘리그라피

귀여운 느낌의 캘리그라피를 배워봤다면, 이번엔 강하고 임팩트 있는 느낌이에요. 한글과는 다르게 획의 구성을 굵고 갈라지는 느낌으로만 소화하는 것이 아니라, 직선이면서도 방향을 활용해서 쭉 펼쳐지고 뻗어나가듯이 하는 게 좋습니다. 강한 느낌의 영문 캘리그라피 함께 알아볼게요.

선의 활용

앞서 말씀드렸듯이, 선은 직선! 펼쳐지는 선이 좋습니다. 직선이면서 선의 길이가 길어서 펼쳐지듯 표현하는 것이죠. 어렵게 생각할 것 전혀 없이 직선으로 한글 표현보다는 얇게, 그리고 쭉 펼쳐지게 하는 것이 좋아요. 붓을 잡은 검지를 자신 쪽으로 당기는 거죠. 이때, 손 전체가 아니라 손가락을 움직이는 겁니다. 얼마큼의 효과가 좋을지 고민된다면 바로 함께 볼게요.

직선 캘리그라피는 무조건 한 방향을 택합니다. 한글과 마찬가지로 오른쪽에서 왼쪽을 향하는 것이 좋습니다. 영문은 굵기가 너무 굵으면 그 맛이 오히려 덜 합니다. 따라서 얇고 날렵하게 쓰는 것이 강하고 시원한 영문 캘리그라피에서는 효과적이에요. 굵기를 너무 굵었다가 얇아지는 것이 아니라, 살짝 두꺼운 형태에서 얇은 형태로 자연스럽게 빠지는 거예요.

날렵한 면을 많이 살려 쓰게 되면 성숙미 느껴지는 영문 캘리그라피가 완성됩니다. 이 글씨체는 크리스마스 카드 혹은 초대장에서 활발하고 힘 있는 형태를 나타낼 때 많이 사용하지요. 예시를 보면서 함께 생각해보아요.

필기체 형식의 영문 캘리그라피

04

세 번째는 영문 캘리그라피 중에, 가장 낯익은 캘리그라피! 바로 필기체 형식입니다. 영문은 필기체라는 것이 따로 있지만, 그 필기체를 그대로 쓰는 것이 영문 캘리그라피 필기체 타입은 아니에요. 더 확장하여 생각하고 살펴봅시다. 일단, 펼쳐지는 느낌이라고 보시면 될 것 같아요. 쭉 펼쳐지는 느낌으로 영문을 자연스럽게 배치해 놓으면 되는데요, 파스타 집이나, 빵집에 많은 영문 캘리그라피 타입이에요. 그래서 많이 보셨을 캘리그라피이기 때문에 낯설게 느껴지지는 않을 거예요.

선의 활용

펼쳐지는 캘리그라피 느낌은 선이 얇아야합니다. 굵으면 펼쳐지는 느낌이 떨어지고, 둔해 보일 수도 있기 때문에 펼쳐지는 느낌을 위해서 얇고 흘려 쓰듯이 선을 펼칩니다. 또박또박 쓰는 느낌을 최대한 줄이고, 손목을 이용해서 쓰는 방법을 생각해 보는 거예요. 강한 느낌이 손가락을 자기 몸 쪽으로 당기면서 속도감을 줬다면 펼쳐지는 느낌의 영문 캘리그라피는 손 전체를 움직여 리듬감 있게 씁니다. 앞서 한글 캘리그라피의 흘림체를 배웠다면 그것과 쓰는 방법 면에서 비슷한 점이 있으니 참고하셔도 좋고요. 선은 어떤 걸 고르면 될지 한번 함께 살펴볼게요.

펼쳐지는 느낌의 캘리그라피 구조는 끼워 맞추거나 자리 배치에 너무 많은 신경을 쓰는 것보다 선에 집중하여 더욱 자연스러운 것이 적합합니다. 영문의 단어 사이를 띄는 것을 제외하고는 배치를 위해서 고민하지 말고 선이 펼쳐지는 느낌에만 집중해 보세요. 펼쳐지는 선이기 때문에 구조 또한 꽉 맞춰지거나 짜인 형태보다는 흩날리듯 자연스럽게 늘어뜨려 놓는 것이 좋습니다. 기쁜 소식이죠? 펼쳐지는 느낌의 영문 캘리그라피는 구조에는 큰 신경을 쓰지 않아도 된다는 사실! 하지만, 알파벳 사이를 너무 띄어쓰거나 대문자와 소문자의 선택이 어색하면 방해를 받겠죠? 이 점 함께 참고하면서 예시를 살펴볼게요.

LOVE
YOU

I LOVE
YOU

I LOVE
YOU

I LOVE
YOU

I LOVE
YOU

I LOVE
YOU

한문
캘리그라피

한문 캘리그라피 파트입니다. 이 파트에
서는 한문 캘리그라피를 쓰는 포인트를
알아보겠습니다. 다양한 예시로 함께 할
게요.

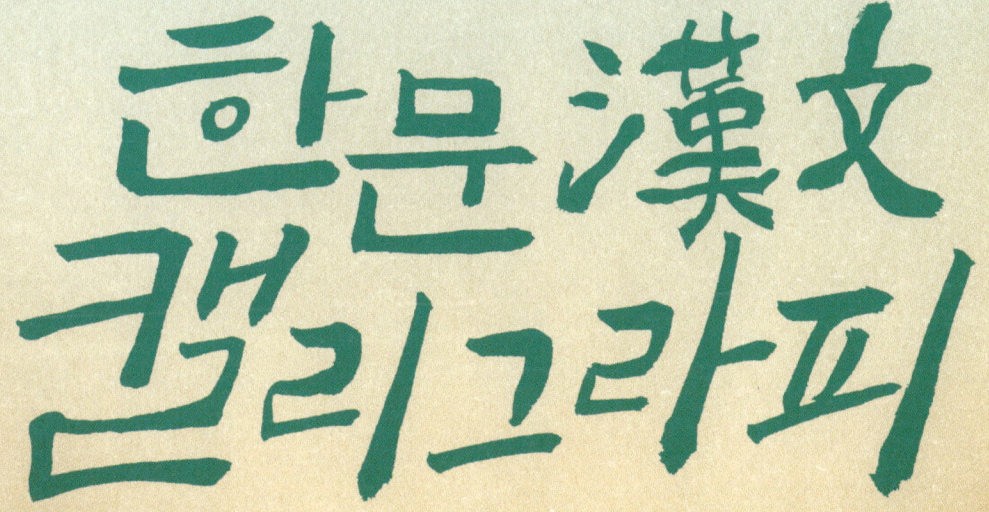

특별한 날
꼭 필요한

01

자, 이제 한문 캘리그라피를 배워볼 거예요. 내가 평소에 한문 캘리그라피를 사용할 일이 뭐가 있지? 고민을 해보면, 신년인사도 있고, 자신의 방에 붙여놓을 사자성어도 있죠. 알게 모르게 한문 캘리그라피도 쓰임이 다양합니다.

한문 캘리그라피는 조금 어려운 영역이기도 합니다. 똑바로 쓰고, 잘 쓰는 것이 아니라 어눌하고 엉성하게 쓰는 것이 더 멋있기 때문이에요. 지금까지는 일정의 법칙이나 스킬을 이용해봤는데 이제는 어눌하게 엉성하게라니……. 이게 무슨 말인가 싶으실 수도 있지만, 한문 캘리그라피를 효과적으로 하기 위해서 반드시 필요한 부분입니다.

> ## 선의 활용

한문 캘리그라피는 선이 반듯하거나 귀엽거나 잘 짜이지 않아야합니다. 게다가 획이 바로 서 있는 것이 아니라, 한 획 한 획 개성 있게 삐뚤빼뚤 배치하는 것이 훨씬 효과적이고요.

그래서 한문 캘리그라피 획은 반듯하고 분명하지 않게 표현하기 위해 밀면서 쓰게 됩니다. 앞에서 다룬 독특한 느낌의 캘리그라피 중 고풍스러운 느낌과 비슷해요. 획은 밀면서 손을 조금씩 흔들어 주세요. 그러면 획이 분명하지 않고 꼬물꼬물 삐뚤빼뚤 갈팡질팡하는데, 한문 캘리그라피에서는 이것이 매력으로 돋보이게 되어 효과적입니다. 그리고 획을 한 획 한 획 잘라서 방향을 모두 다르게 하는 거예요.

정리해보면, 획을 밀면서 쓰고 획의 방향은 모두 다르게 한다가 되겠네요. 또, 굵기도 중요합니다. 굵기가 굵었다 얇아지는 것이 아니라 자연스럽게 밀고 나가야 하기 때문에 고난이도이기도 합니다. 캘리그라피는 글씨를 잘 쓰고 못 쓰고가 아니라, 얼마나 매력적으로 쓰느냐라는 걸 여기서도 다시 한 번 느껴보세요.

앞서 설명했듯이, 한문 캘리그라피는 획 하나하나에 여러 방향을 사용하기 때문에, 이미 풍성한 효과가 있습니다. 그리고 한자는 한글이나 영문 알파벳보다 훨씬 복잡한 형태를 띤 글씨체가 많은 기 다 일고 계시쇼'? 그렇기 때문에 구조 또는 방향은 조금 힘을 빼고 생각해보시는 게 좋을 것 같아요.

서로 끼워 넣거나 배치를 화려하게 할 수 없는 경우가 많습니다. 게다가 한자로 장문을 쓰는 경우보다는 한글이나 영문과 함께 포인트로 사용하는 경우가 더 많기 때문에 한자 한 글자 한 글자 자체에 방향과 굵기 변화를 다양하게 투입하는 것이 좋아요. 그러니 한문 캘리그라피도 구조 또는 방향은 크게 신경 쓰지 마시고, 한 글자 내에서 획의 방향 획의 굵기, 퍼짐의 정도에 더 치중해 보시는 게 좋을 것 같아요.

자, 그럼 한문 캘리그라피 어떻게 활용할 수 있는 예시를 통해 알아보죠!

大道無門

이미지 + 캘리그라피 배워보자

이 파트에서는 작업한 캘리그라피의 다양한 활용 방법을 배워보겠습니다. 사진 또는 이미지에 캘리그라피를 넣는 법과 효과 주는 법 등을 포토샵과 일러스트레이터를 통해 알아봅시다.

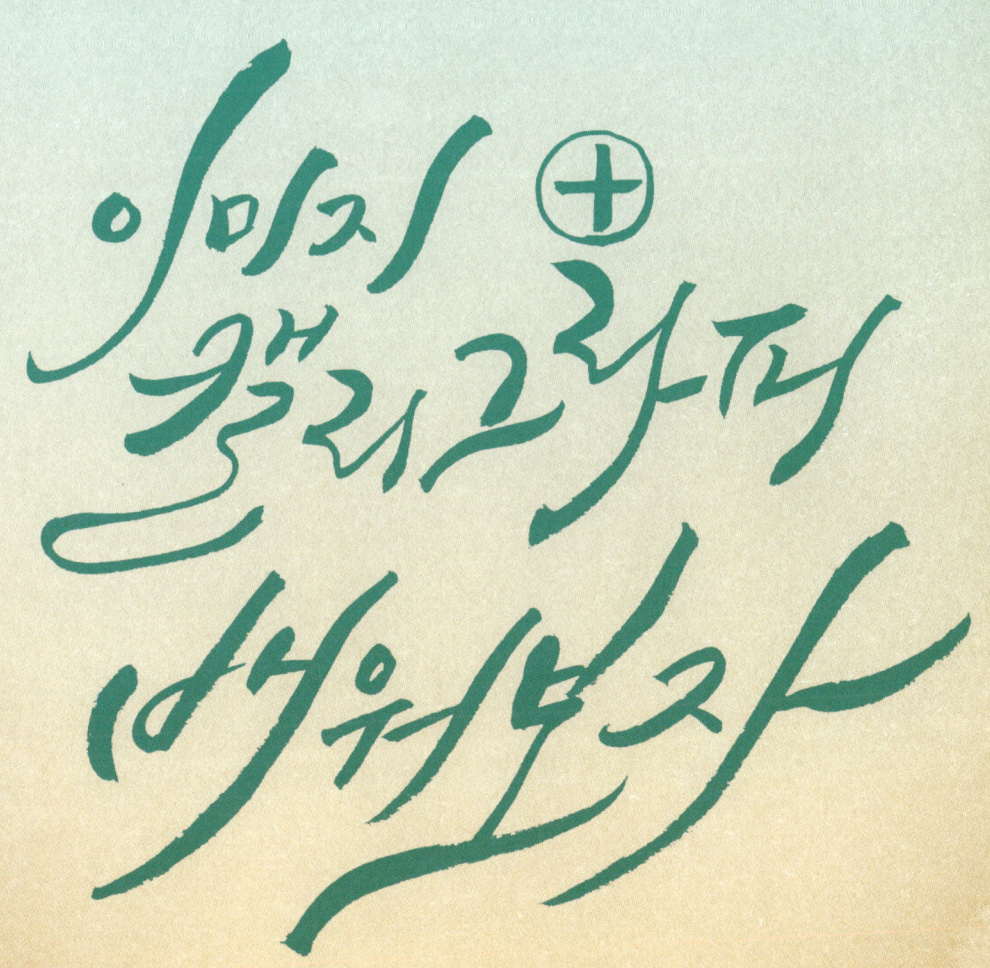

캘리그라피를
더 잘 활용하기 위해

느낌별 캘리그라피 실력을 쌓았으니 이걸 어디에 활용할 수 있을까 고민되시겠죠? 그때 가장 먼저 떠오르는 것이 이미지에 넣을 수 있다는 생각일 거예요. 그 동안 우리가 많이 봐 왔던 캘리그라피는 항상 배경 이미지와 함께 어울려 있었어요. 무심코 지나쳤던 과자봉지에도, 우리 집 앞 가게 간판에도 말이에요. 이런 건 어떻게 하는 거지? 라는 의문이 쏟아지는 소리가 들리는 것 같네요. 하지만 방법은 아주 간단해요. 단, 포토샵이 필요합니다.

포토샵은 화려한 기능이 아주 많은 프로그램이지만 우리는 빠르게 익힐 수 있도록 아주 쉽고 간편한 방법을 알아볼 거예요. 이전에 포토샵을 다뤄보지 않았던 분들도 천천히 따라하시면 얼마든지 하실 수 있답니다. 시작해 볼게요.

일단, 캘리그라피를 넣을 이미지를 준비합니다.

쓰고자하는 캘리그라피 문구와 잘 어울리는 이미지를 준비하시면 돼요. 그러다 보면 많은 분들이 이런 질문을 하십니다.

"캘리그라피를 보다 보면 글씨 색깔이 다른 것들이 있는데, 이건 그런 색깔의 붓펜 또는 펜으로 한 것인가요?"

물론 색깔이 있는 펜으로 쓸 때도 있지만 보다 선명하고 다양한 색 표현을 위해 포토샵을 이용하는 경우가 많습니다. 여기서 말씀드리고 싶은 것은 캘리그라피 글씨체의 색이 항상 검정색이지 않으므로 배경 이미지를 선택할 때 색깔에 구애받지 않으셔도 된다는 점이에요. 캘리그라피가 들어갈 배경 이미지 공간의 색이 어둡다면 캘리그라피 글씨체의 색상을 밝게 바꾸면 되는 거니까요. 그러니 이미지는 자유롭게 선택하셔도 됩니다.

이미지를 고르셨다면 그와 어울리는 문구를 직접 써야겠죠?

일단 줄지 쳐시지 않은 무지 노트에 직접 캘리그라피로 표현합니다. 이때, 연습하듯이 종이 한 장에 끼적끼적 하는 멋없는 행동보다는 이것이 마지막이라는 생각으로 과감한 표현을 하시는 게 좋습니다. 캘리그라피 글씨체는 언제 어떻게 나올지 모르는데 끼적여 놓은 것 중에 마음에 드는 것이 나온다면 아주 골치 아픈 일이 벌어지겠죠. 캘리그라피는 세상에 단 하나밖에 없는 글씨니까요.

하나하나 마지막처럼 정성을 다해 쓰고, 여러 장의 글씨 중 가장 마음에 드는 것 하나를 고르세요. 그렇게 선택한 캘리그라피는 이제 스캐너에 들어갑니다. 사진으로 찍어서 편집하는 경우도 있지만 저는 스캐너로 직접 스캔하는 것을 추천합니다. 선이나 표현이 훨씬 견고하고 깔끔하게 전송되기 때문이죠. 스캔할 때는 300dpi 이상이 깔끔합니다.

300dpi 이상으로 스캔한 후, 이미지가 된 캘리그라피 글씨체를 컴퓨터에 저장하세요.

자, 이제 포토샵의 단계로 넘어갑니다.

우선 포토샵을 열어주세요. 그리고 포토샵에서 아까 이미지로 만든 캘리그라피와 배경 이미지를 불러오는 거예요. 직접 손으로 쓴 캘리그라피 문구를 스캐너를 이용해 다듬는 과정 먼저 보여 드릴게요.

직접 손으로 쓴 캘리그라피 문구를
스캔을 이용해 다듬기

01
배 워 보 기   흰 배경의 종이에 캘리그라피로 표현합니다.

캘리그라피로 표현한 것을 300dpi 이상으로 스캔합니다.

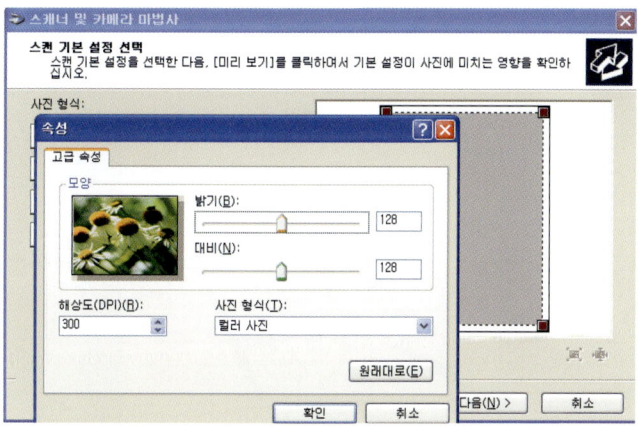

포토샵을 열어서 저장한 캘리그라피 파일을 불러옵니다.

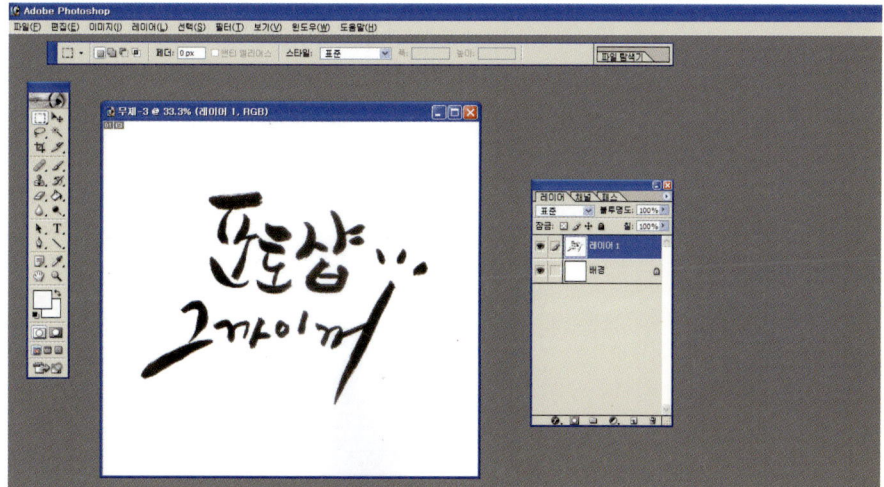

04
배 워 보 기

왼쪽에 도구 모음 중, 일명 마술봉이라고 불리는 '자동 선택 도구'를 클릭합니다.

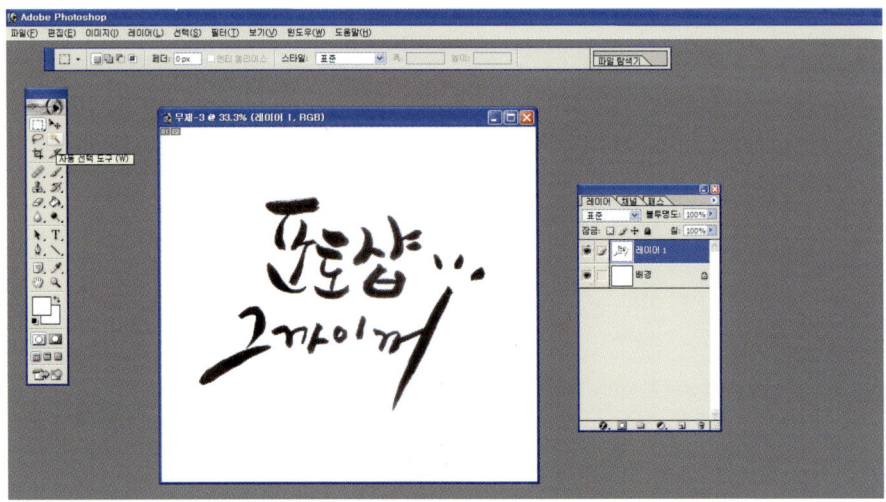

05
배 워 보 기

스캐너를 사용했기 때문에 배경에 얼룩이 있을 수 있습니다. 마술봉이 선택된 상태로 배경 부분을 클릭해 주세요. 선택된 모양이 보이시면 Delete 키를 눌러 배경색을 깔끔하게 지워줍니다.

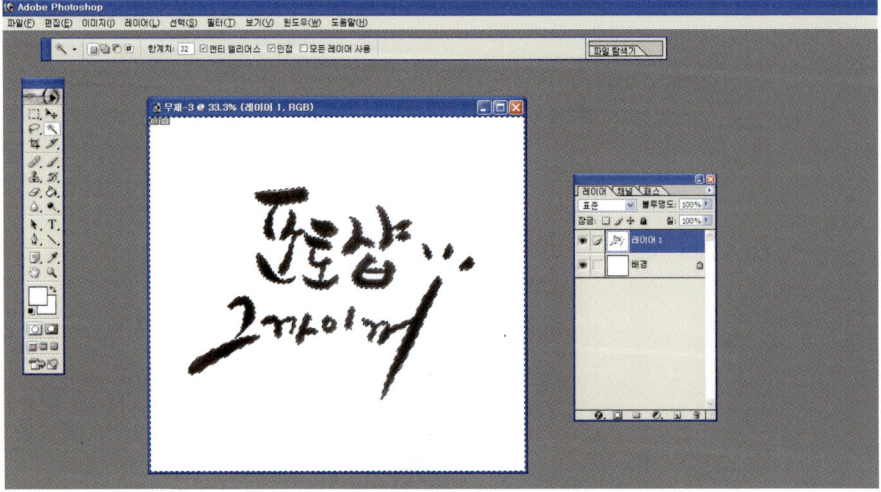

06
배 워 보 기

배경을 지우고, 배경이 선택 된 상태에서 **선택 → 반전**을 클릭합니다. 이렇게 되면 말 그대로 배경이 아닌 그림 즉, 글씨가 자동 선택 됩니다.

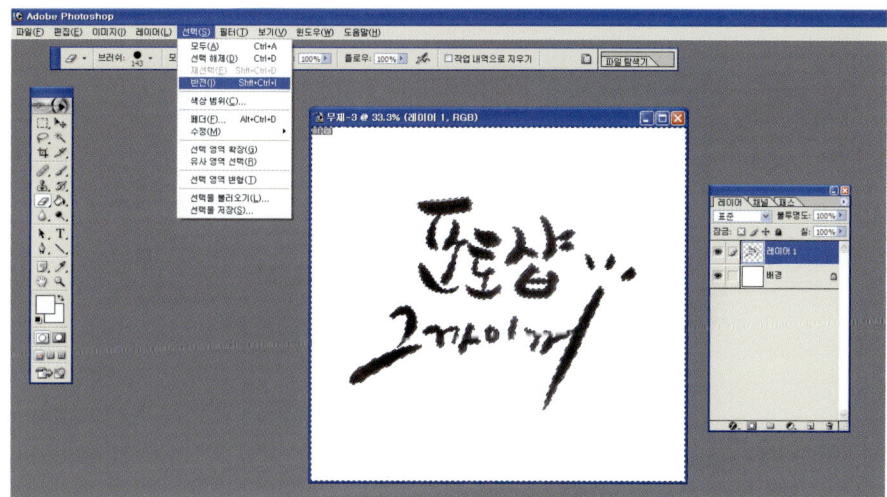

07
배 워 보 기

붓으로 쓴 글씨를 스캔하고 있기 때문에 아무래도 선명도가 떨어지고 색상이 얼룩진 게 느껴지실 거예요. 이때, **이미지 → 조정 → 레벨**을 선택해서 색상의 선명도를 높여줍니다. 검은색의 글씨가 선명해질 거예요.

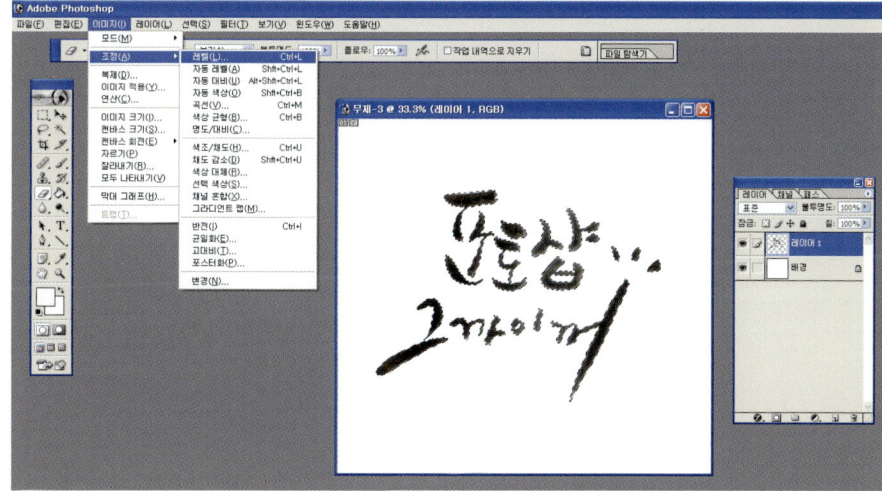

08 배워보기 **이미지 → 조정 → 레벨**을 선택하면 조정할 수 있는 창이 나옵니다. 오른쪽으로 높여서 검은 글씨가 선명해지도록 조절해 볼게요.

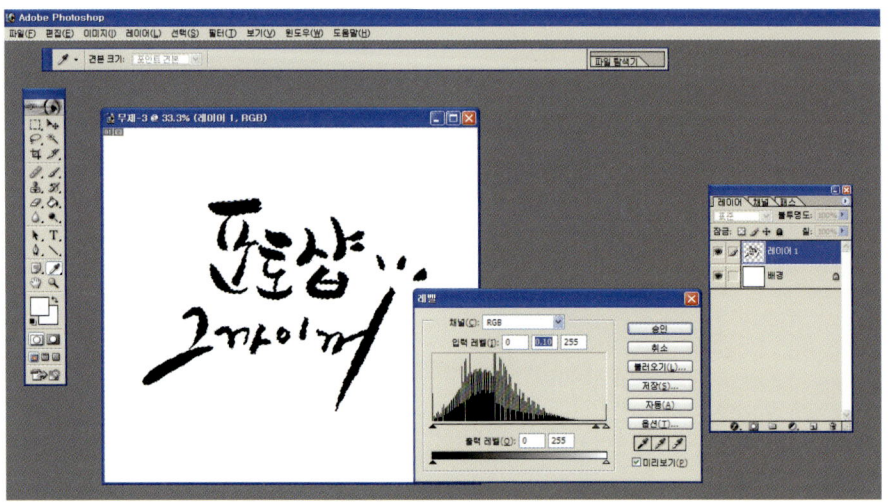

이렇게 하면, 스캔한 파일의 선명도가 높아지고 깔끔해집니다. 그럼, 선명해진 파일을 이용해서 사진에 넣는 작업도 시도해 보자고요. 저는 제가 키우는 고양이 사진에 귀여운 느낌의 캘리그라피를 넣어보려고 합니다. 여러분들도 이 부분을 잘 익히셔서 간직하고 싶은 사진과 캘리그라피가 서로 어울리도록 만들어 보시길!

사진 + 캘리그라피,
사진 안에 캘리그라피 넣어보기

01 배 워 보 기
위에서 배운 것과 같이 직접 쓴 캘리그라피를 포토샵으로 불러와서 자동 선택 도구와 레벨 조정을 이용해 글씨의 선명도를 높여줍니다. (위의 설명 내용을 참고하세요.)

02 배 워 보 기
캘리그라피 문구를 넣은 사진을 불러옵니다.

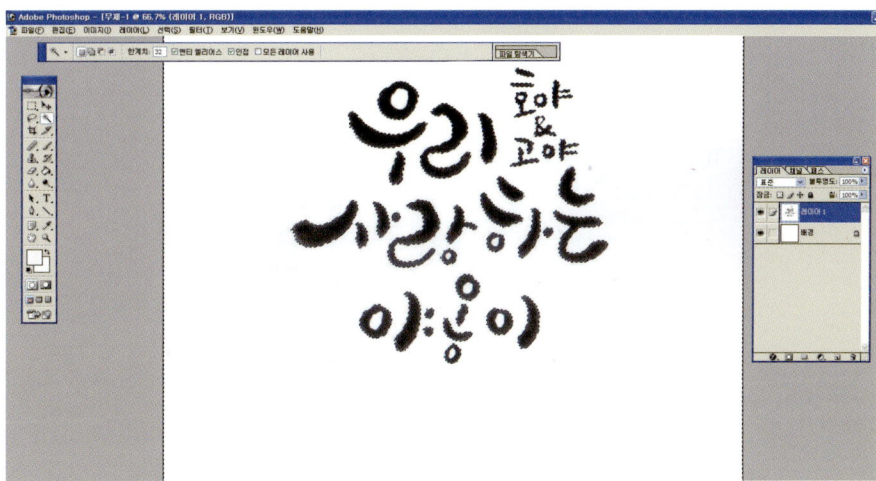

자동 선택 도구로 배경을 선택하고 **선택 ➡ 반전**을 통해 글씨만 선택되게 해주세요.

(이때, 레벨을 이용해 글씨의 선명도를 높이는 것도 중요하겠죠. 그리고 선택을 할 때는 'ㅇ'의 가운데 부분처럼 한꺼번에 선택되지 않는 부분도 [Shift] 키를 누른 상태에서 클릭해주면 선택이 되니, 배경 선택할 때 참고하세요!)

03
배 워 보 기

선택된 캘리그라피를 Ctrl+C 눌러 복사합니다. 그리고 캘리그라피를 넣을
사진을 클릭하고 Ctrl+V 눌러 복사된 캘리그라피를 이동 시킵니다.

04
배 워 보 기

사진에 글씨가 들어갔지만, 원하는 위치 혹은 크기가 아닐 수 있겠죠. 이럴
때 선택하는 것이 바로 **편집 ➡ 자유변형**입니다. 캘리그라피의 크기, 이동,
회전 등이 가능합니다. 자유변형을 선택하여 캘리그라피를 원하는 위치 또는
크기로 조정해 주세요.

05
배 워 보 기

자유변형을 선택하면 캘리그라피를 조절할 수 있도록 선택이 됩니다. 이때, 원하는 위치 또는 크기로 드래그를 통해 조절해주세요.

06
배 워 보 기

짠! 어때요? 간직하고 싶은 사진 + 캘리그라피 완성! 우리 호야와 고야도 좋아 할 것 같은 느낌이 드네요.

보너스!
포토샵으로 낙관 만들기

캘리그라피를 멋지게 썼으니 내 낙관 즉, 내 도장이 들어가면 좋겠다고 생각하시는 분들
계실 것 같아요. 이제 우리가 작품 느낌으로 시작할 때도 됐고 말이죠. 그런데 낙관을 하나
하나 맡기거나 직접 제작해서 찍기에는 너무 힘이 들고 시간도 없잖아요. 때때로 낙관의
의미나 표시하고 싶은 모양이 달라지기도 하구요. 이럴 때, 제가 사용하는 방법입니다. 알
아두시면 아주 유용하실 거예요.

01
배 워 보 기

일단, 캘리그라피로 낙관에 들어갈 글씨와 낙관 틀을 만들어 줍니다. 완성된
낙관을 스캔한 뒤 이미지 파일로 저장하여 포토샵에서 열어주세요.

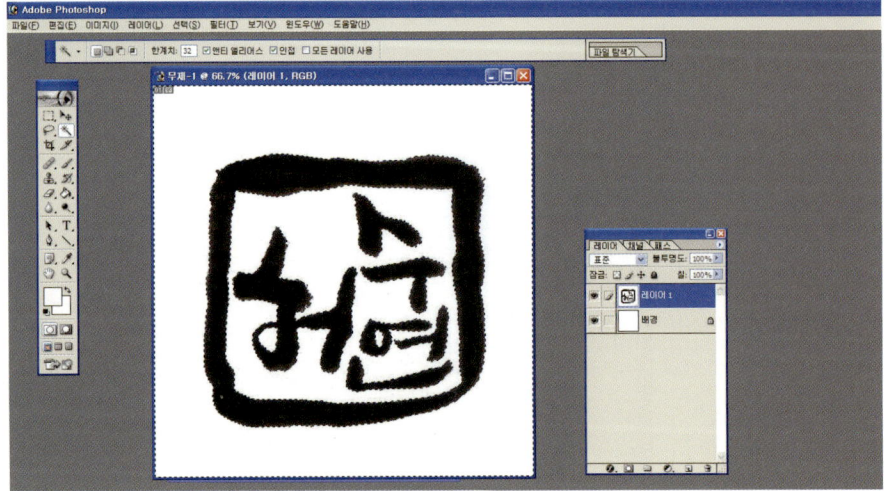

앞에서 했던 것처럼, **선택 ➡ 반전**을 이용해서 글씨와 낙관 틀 부분을 선택하고, **이미지 ➡ 조정 ➡ 레벨**을 선택해서 색상을 선명하게 만들어 주세요.

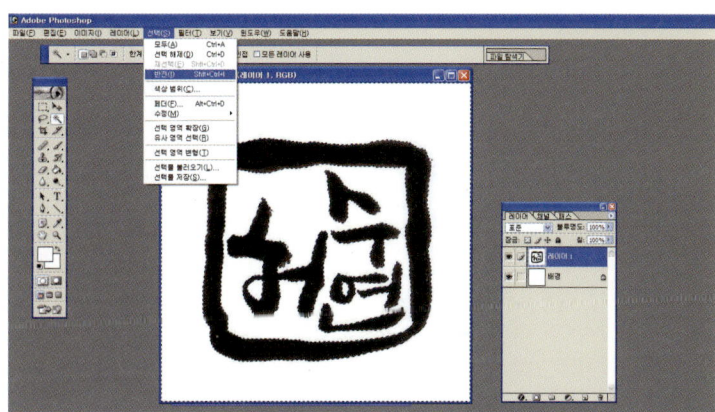

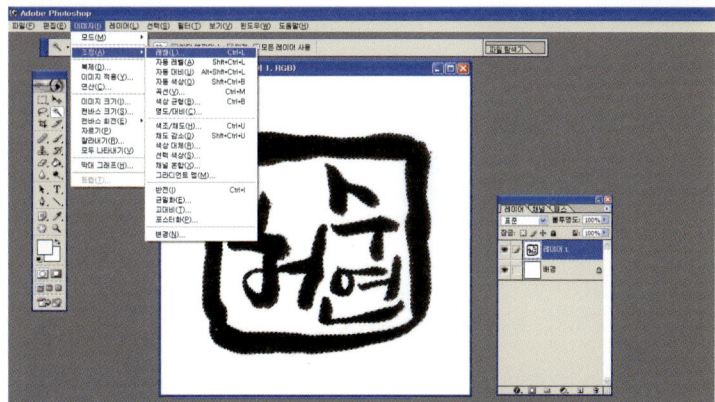

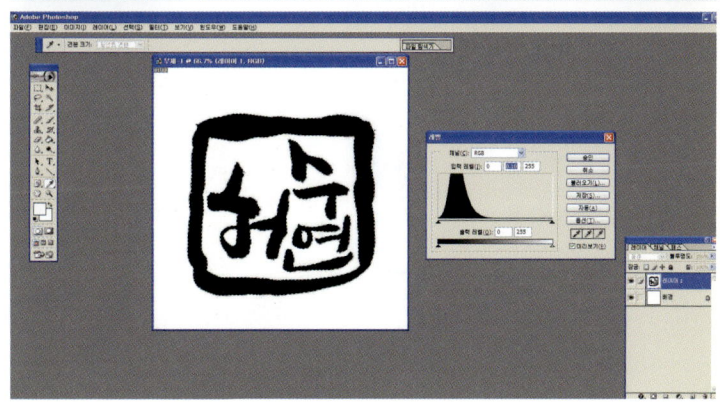

낙관이 찍힌 모습을 가만히 보니, 검은색이 들어갈 부분이 없죠? 낙관은 빨간색과 흰색이 주된 색상인데 말이에요. 그래서 검은색 부분을 지워줄게요. 이때도 역시 자동 선택 도구로 검은색 글씨 부분을 선택하고 (배경 선택 후 반전을 이용하셔도 좋고 Shift 키를 누른 상태에서 검은색 부분을 마우스로 선택하셔도 됩니다.) Delete 키를 눌러 하얗게 지워주세요.

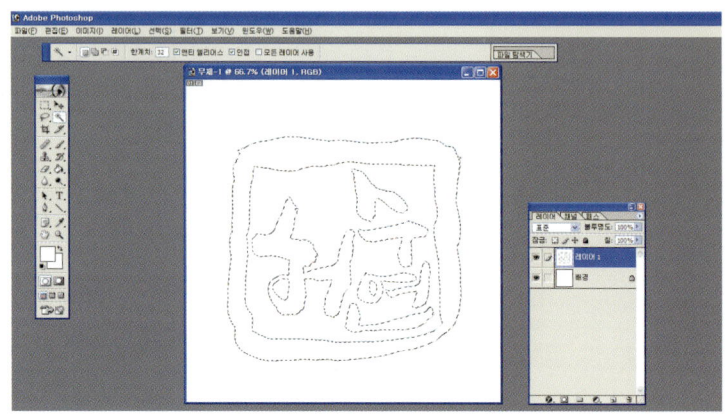

이제 원하는 부분에 색상을 넣어줄게요. 글씨가 빨갛게 나오는 형태가 양각, 글씨는 하얗게 배경은 빨갛게 나오는 형태가 음각입니다. 지금 우리가 만들고 있는 낙관은 낙관 틀이 보이는 음각 형태예요. 글씨 부분을 희게 만들었으니 이제 배경만 빨갛게 만들면 되겠군요.
색상 선택을 위해 왼쪽 도구 창 아래 네모 부분, 지금은 하얗게 선택되어 있는 색상 피커 창을 열어서 원하는 색상을 선택해 줍니다. 저는 새빨간 색을 선택했어요.

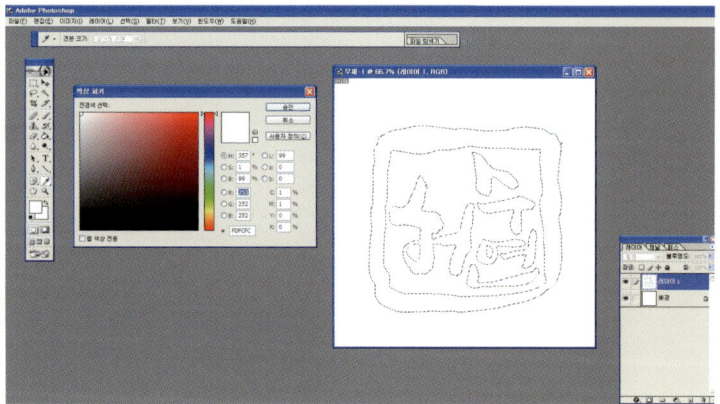

이제 색상을 채워볼게요. 이때, 왼쪽 도구 표에서 페인트 모양을 선택하고 마우스 오른쪽을 누르면 페인트 통 도구를 선택하실 수 있어요. 페인트 통 도구를 사용해서 원하는 빨간색으로 채우고 싶은 부분을 마우스로 선택합니다.

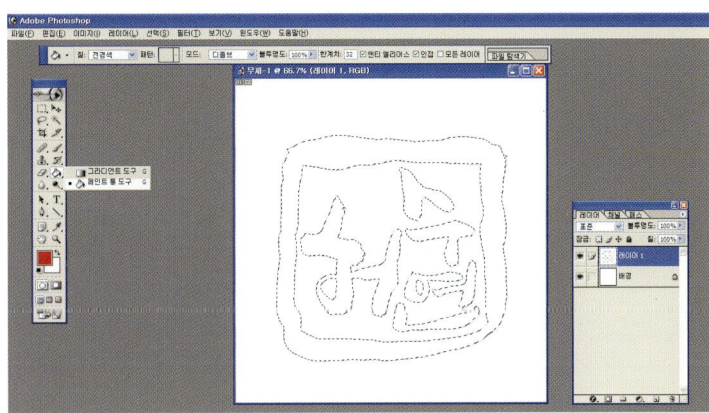

페인트 통 도구가 선택된 상태에서 글씨의 바깥 부분과 'ㅇ'의 안쪽 부분 등을 마우스로 클릭해 주었더니 색상이 입혀집니다. 이제 제법 낙관(도장)의 형태가 갖춰지기 시작하네요!

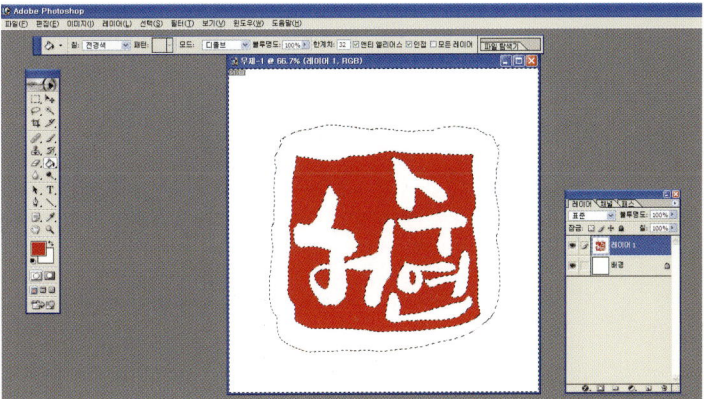

이제 바깥선의 형태는 필요 없어졌으니 지워줄게요. 왼쪽 도구 상자에서 지우개를 선택하고 마우스를 지울 부분에 대고 누른 상태에서 드래그 해 줍니다. 그러면 바깥의 선들이 지워질 거예요.

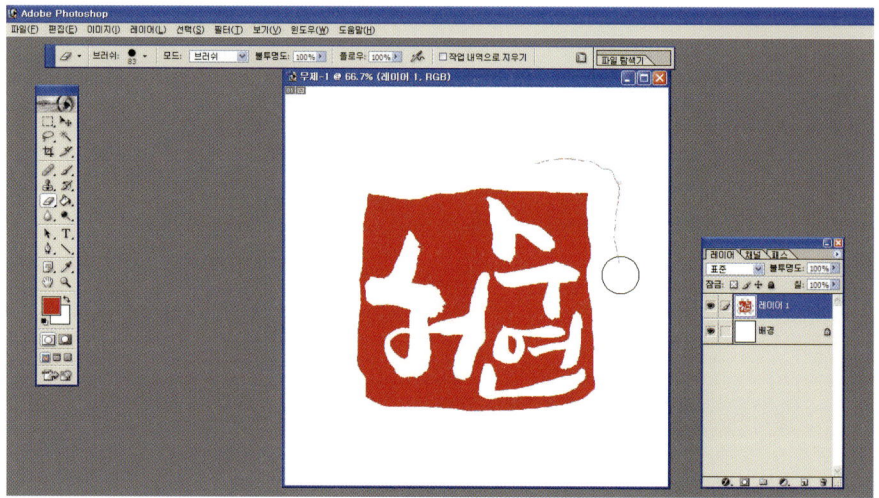

그리고 지우개를 이용해 낙관(도장)의 틀이 될 부분을 다듬어 주세요. 이때, 완전 깔끔하게 떨어지는 네모로 하는 것 보다 울퉁불퉁하더라도 자연스러운 형태가 더 멋있습니다.

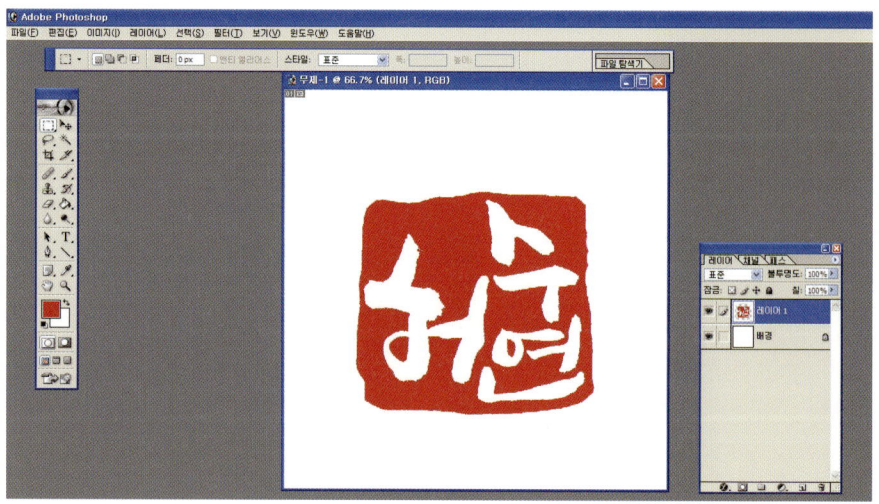

08 배워보기 만들어 놓은 사진에 낙관(도장)까지 넣고 싶으시다면, 완성된 파일을 불러와서 낙관을 붙여 넣으면 됩니다. 왼쪽 도구 상자에 선택 도구를 이용하여 원하는 부분을 드래그하여 선택합니다. 물론, 이 때 낙관(도장)을 선택해야겠죠.

선택한 낙관(도장)을 [Ctrl]+[C]를 눌러 복사하여 넣고 싶은 사진을 선택 후 [Ctrl]+[V]를 눌러 붙여 넣습니다. 그리고 **편집 ➡ 자유변형**을 선택하여 원하는 위치와 크기로 조절합니다. (사진에 캘리그라피 넣는 파트에서 배운 것과 똑같아요.)

짜잔! 저는 야옹이 글씨 옆에 제 낙관(도장)을 넣었어요. 내가 썼다는 표식은 물론, 포인트까지 되어주니 아주 멋지지 않나요?
이렇게 만든 낙관(도장)은 잘 저장해두셨다가 다른 파일 만들 때도 사용하시면 좋습니다. 캘리그라피 하나하나도 물론 작품이죠. 그리고 내 작품에 내가 했다는 표시를 하는 것 역시 정말 뜻 깊고 멋진 일이 아닐 수 없습니다. 또한, 도용을 막을 수 있는 장치도 되어주니 어떻게 보면 꼭 필요한 것일 수도 있겠네요!
글씨 색깔도 바꿔주니 귀엽고 사랑스러운 사진 + 캘리그라피가 되었네요. (글씨 색상은 낙관(도장) 만들 때 사용했던 페인트 통 도구를 이용해 변경 가능합니다.)
앞으로, 하고 싶은 것들에 대한 생각이 막 피어오르지 않나요? 내 메신저 배경화면과 블로그 배경 그리고 핸드폰 배경화면까지! 시도해볼 수 있는 게 너무너무 많습니다. 바라보지만 마시고, 꼭! 해보시길 바라요.

글씨 색깔 바꿔보기

한 가지 색으로 된 글씨를 보고 있다 보면 특정 부분에만 색깔의 변화를 주고 싶을 때가 있습니다. 저는 여기서 '사랑'이란 단어의 글씨 색깔을 바꿔주고 싶어졌어요. 글씨 색깔은 어떻게 바꿔주면 좋을지 알아볼게요.

01
배 워 보 기

앞에서 배웠듯이 이번에도 왼쪽 도구 상자의 마술봉으로 원하는 부분의 글씨를 선택해 주세요. Shift 를 누른 상태에서 원하는 획을 마우스로 클릭하여 선택하면 됩니다. 저는 '사랑' 부분을 바꿔볼 거예요.

02
배 워 보 기

왼쪽 도구 상자에 스포이트를 이용해볼게요. 스포이트는 이미지에서 원하는 부분의 색을 자동으로 불러다 주는 아주 친절한 도구입니다. 스포이트 도구를 선택하고 사진에서 원하는 부분을 마우스로 클릭합니다. 색상이 선택된 것이 보이실 거예요.

03
배 워 보 기

이제 선택된 색상을 글씨에 입혀볼게요. 왼쪽 도구 상자에서 페인트 통 도구를 선택합니다. 선택된 상태에서 원하는 글씨 부분을 클릭해주세요. 선택된 색깔로 글씨가 바뀔 거예요.

04
배워보기

글씨에 색깔은 입혔는데 '너무 희미해 보인다', '선명하게 하고 싶어' 라는 생각이 든다면 글씨에 테두리를 입히는 것을 추천합니다. 마술봉으로 색깔 입힌 글씨를 선택해 주세요. [Shift]를 누른 상태에서 원하는 획 부분을 클릭해 주시면 됩니다. 선택된 후, **편집 → 선** 을 선택해 주세요.

05
배워보기

편집 → 선을 선택하면 선의 모양, 굵기, 색상 등을 선택하고 조절할 수 있는 상자가 나옵니다. 선의 폭이나 색상을 원하는 대로 선택해 주세요.

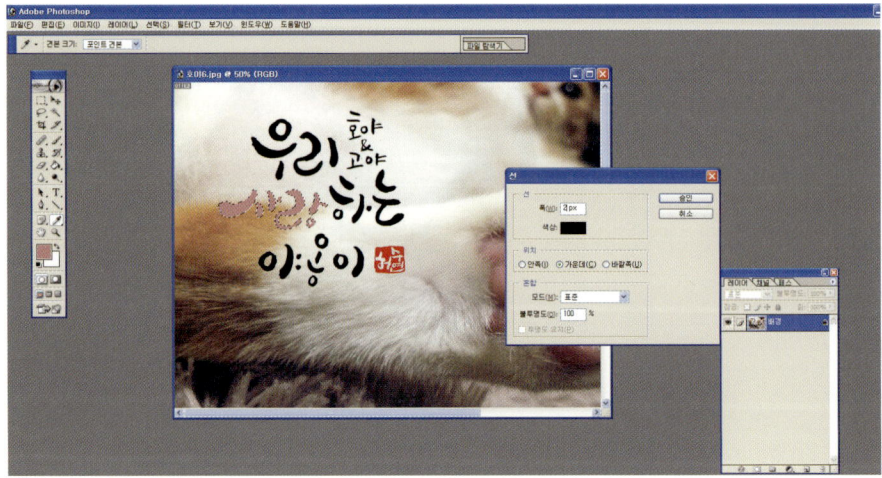

짠! 완성된 이미지를 만날 수 있게 되었네요.

포토샵이라고 하니 무작정 어려울 것이란 생각에 저 역시 배울 생각을 못하고 있다가 혼자 터득한 방법이라 이보다 더 빠르고 정확한 방법이 있을 수도 있어요. 하지만 캘리그라피를 하는 사람에게는 이 정도만 다룰 줄 알아도 다양하게 할 수 있는 게 많아진답니다. 어설픈 포토샵 사용법이었지만 이로 인해 캘리그라피가 여러분께 더 쉽게 다가갈 수 있게 되길 바라며! 메신저 배경화면, 컴퓨터 바탕화면, SNS 대문부터 바꿔보시는 것 어때요? 꼭 해보시길 바랄세요.

캘리그라피 글씨체, 일러스트레이터로!

자, 캘리그라피를 포토샵을 이용해 활용하는 방법을 배웠다면 이번엔 일러스트레이터를 활용하는 방법을 알려드릴게요! 포토샵도 널리 활용되고 있지만, 상품을 제작하거나 선명하고 깔끔하게 결과물을 얻기 위해서는 일러스트레이터가 꼭 필요하죠!

그런데, 일러스트레이터는 단순히 전환 또는 저장으로 되는 것이 아니고, 캘리그라피 글씨체를 하나하나 지정해서 따 줘야 해요. 윤곽선을 따는 방법이지요.

01
배 워 보 기

File ➜ new 룰 선택하여
새 파일을 열어줍니다.

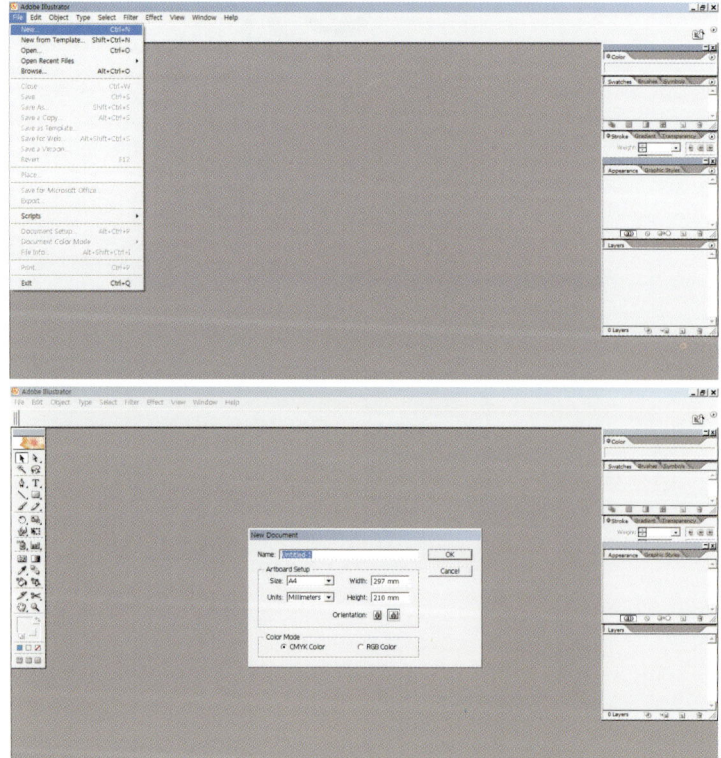

작업할 캘리그라피 파일을
불러옵니다.

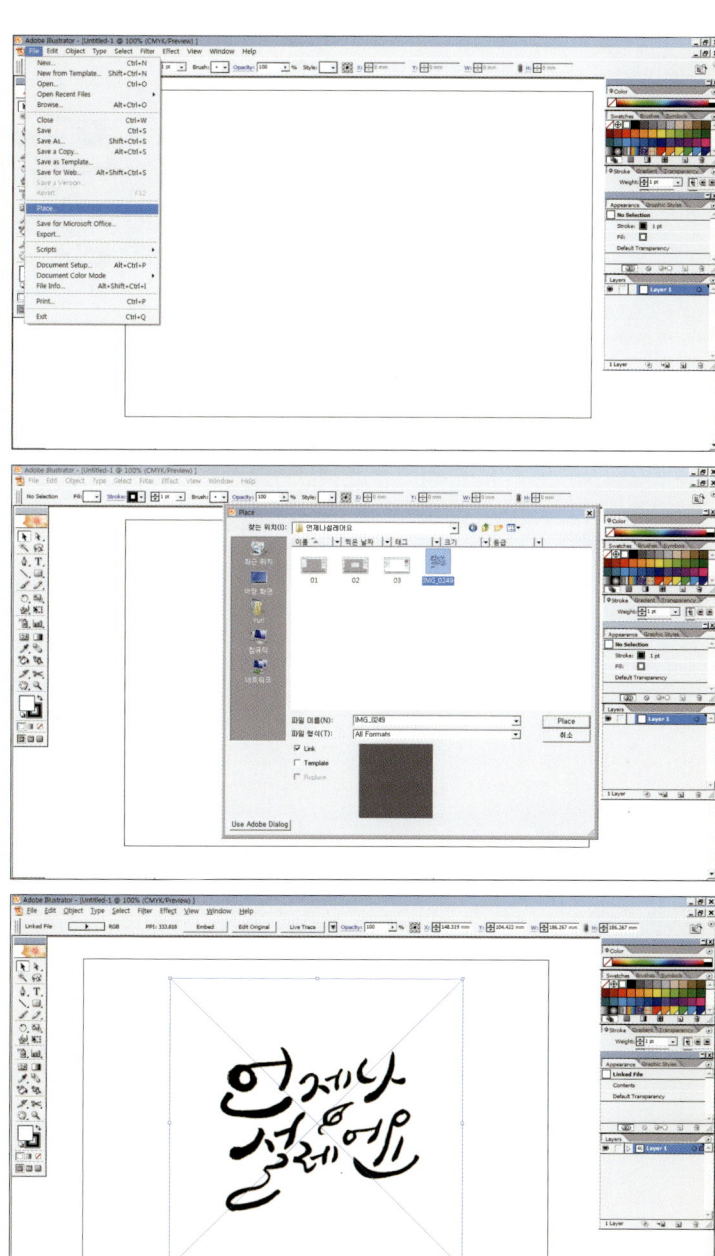

03

배 워 보 기

상단의 [Live Trace]를 선택합니다.

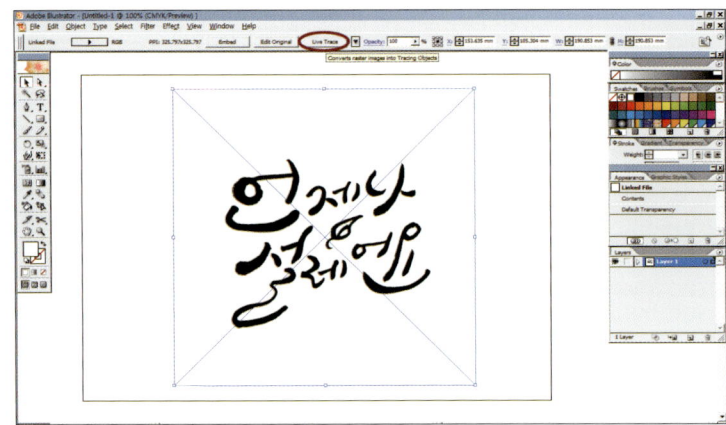

04

배 워 보 기

작업을 계속 진행하기 위해
[OK]를 눌러주세요.

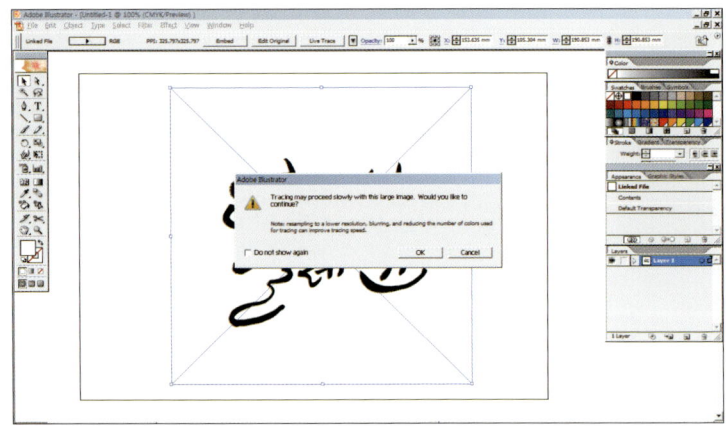

05

배 워 보 기

상단의 [Expand]를 선택해주세요.

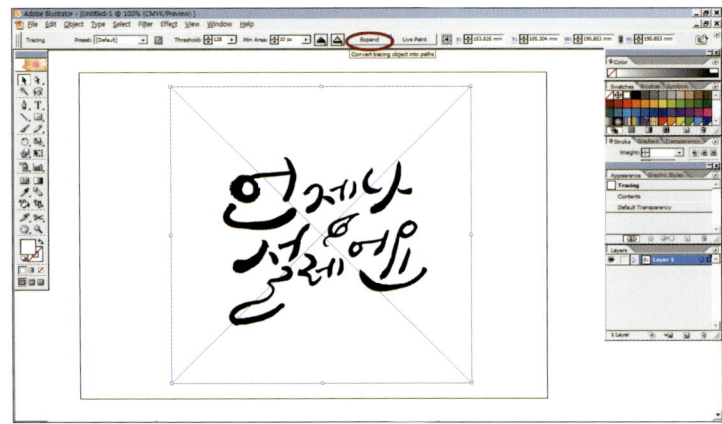

06
배워보기

비트맵 이미지가 벡터 이미지로 변한 모습을 확인하실 수 있습니다. 이제, 캘리그라피 글씨체 이외 불필요한 부분(여백 등)을 지워주는 작업을 할 거예요.

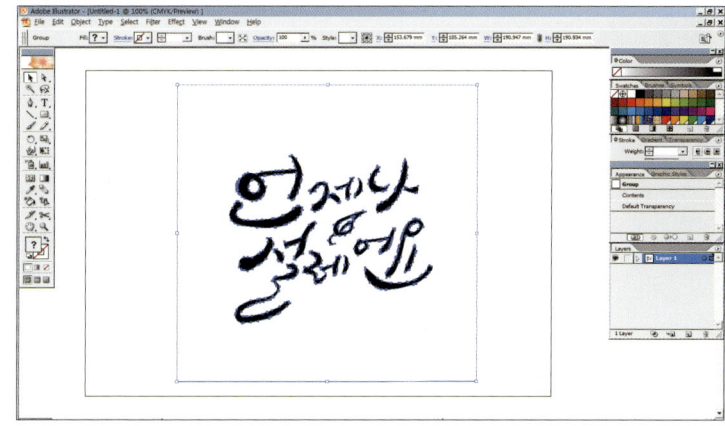

07
배워보기

이미지에 커서를 놓고 마우스 오른쪽을 클릭하면 작은 창이 나옵니다. 그 중 Ungroup클릭하세요.

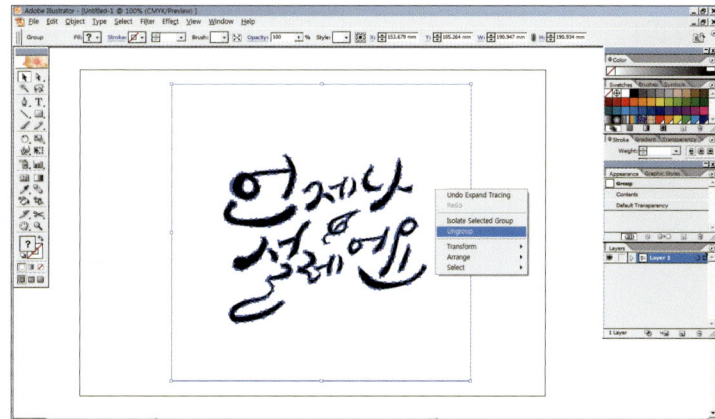

08
배워보기

캘리그라피 글씨를 제외한 배경 부분만 선택이 됩니다. 이 때 키보드의 Delete 키를 눌러 지워주세요. 캘리그라피 글씨체를 제외한 여백을 포함한 다른 부분을 지워주기 위함입니다.

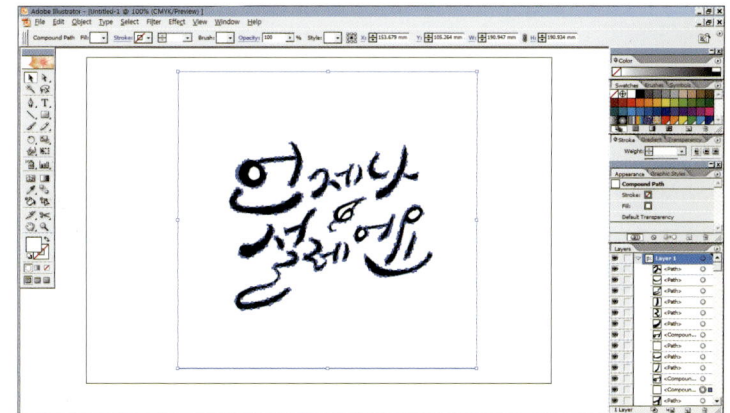

이제 캘리그라피 글씨만 남아있게 되
었습니다. 캘리그라피 글씨체 전체를
선택할 차례예요.

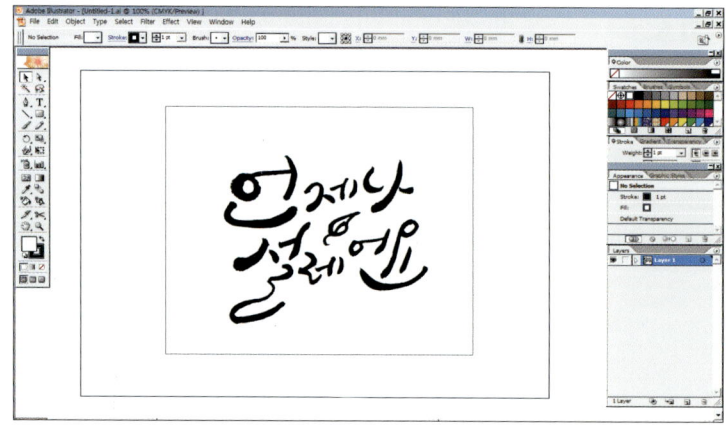

커서를 글씨 쪽에 대고 마우스 오른쪽
을 클릭하면 창이 뜹니다. 여기에서
Group을 선택해 주세요.

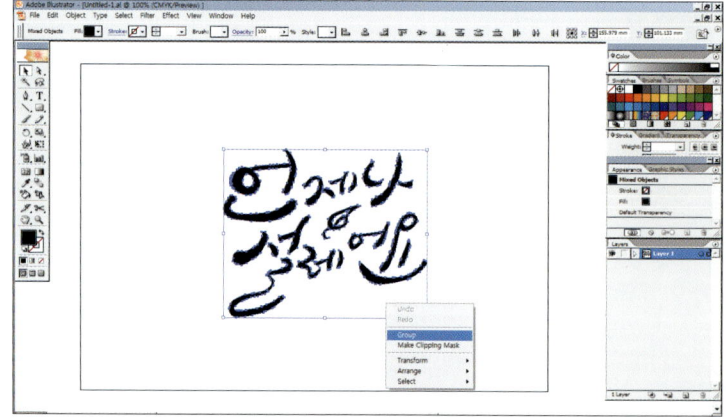

Group을 통해 선택이 되지 않은 'O'
의 안쪽, 나뭇잎의 안쪽 부분 등 글씨
이외에 불필요한 부분을 클릭하여 선
택합니다. 선택 된 부분을 키보드의
Delete 키를 눌러서 지워주세요.

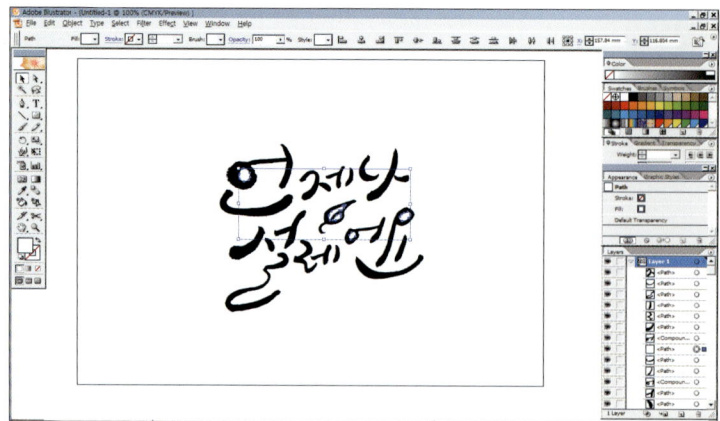

이제 캘리그라피 글씨가 일러스트레
이터로 저장되는 순간!!
save를 눌러서 저장합니다.

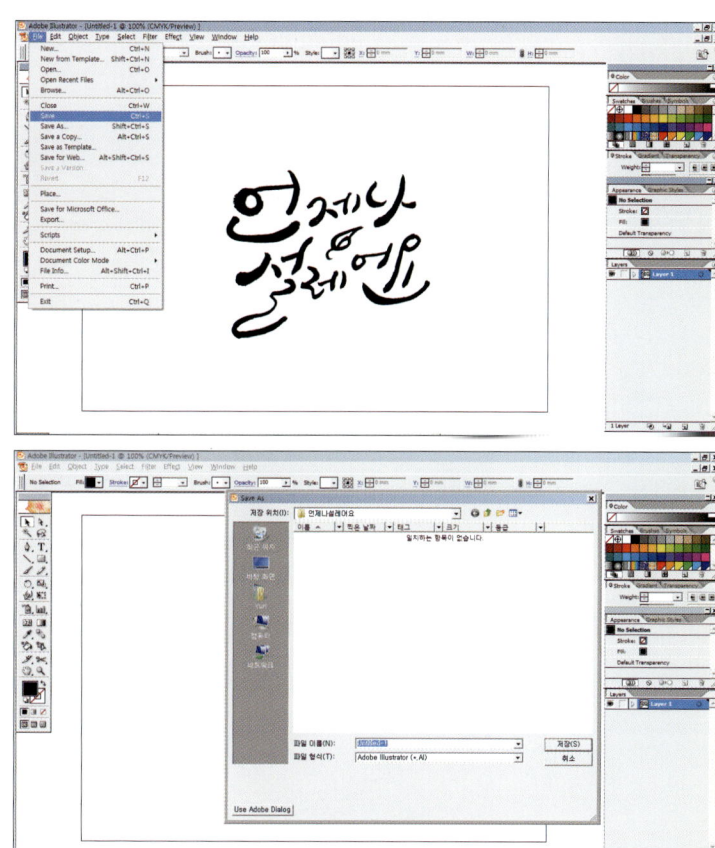

이렇게 완성된 캘리그라피 글씨체는 아래와 같이 머그에 캘리그라피를 넣는 등 멋진 결과로 나타날 수 있습니다! 쉽게 활용하실 수 있는 방법을 함께 알아봤어요. 얼른 여러분이 멋진 캘리그라피 글씨체를 원하는 곳에 넣어 활용하시는 모습을 보고 싶네요.

라. 라이브 캘리그라피

집들이 선물, 연인과의 기념일, 결혼식 선물 등 실생활 속에서 캘리그라피 활용법을 에피소드를 통해 알아보겠습니다. 에피소드와 함께 있는 '캘리레시피'도 놓치지 마세요

다양한 재료와
이야기의
캘리그라피
에피소드 13

살아가다 보면 이런 저런 일로 선물할 곳도 생기고, 특히나 연말연시 같은 때에는 챙겨야 할 사람들도 많이들 있지요. 다달이 공통적으로 또는 개인적으로 주고받아야 할 일들 말이에요. 이럴 때마다 이번에는 무슨 선물을 하나 혹은 어떻게 구성해야 하나 고민이 되기 마련입니다.

특히 저는 한번 사용하고 나면 없어지는 소모적인 선물은 마음이 잘 내키지 않더라고요. 오래 간직하고 기억할 수 있는 선물을 주고 싶달까요. 제 정성과 마음을 돈과 실용성으로 대표되는 선물에 담기에는 조금 부족하다는 생각도 많이 했어요. 그리고 설사 그런 선물을 사게 되더라도 마음을 담을 특별한 카드는 꼭 함께 주기 마련입니다.

캘리그라피를 배웠다면 생활 속에서 이를 어떻게 느끼고 전달하는지가 상당히 중요하죠. 또한 배운 것을 생활 속에서 활용해보는 힘과 센스 역시 그렇고요.

그래서 준비했습니다! 여러분들이 생활 속에서 활용할 수 있는 TIP을 누구나 갖고 있고 공감할 수 있는 에피소드를 통해 함께 고민하고 활용 해 보려고 해요. 함께 살펴봅시다!

친구의 집들이

아,

나보다 먼저 시집간 친구. 네가 나보다 먼저 시집갈 줄은 몰랐다. 네가 나보다 먼저 집이 생길 줄은 몰랐다. 근사한 남자와 홀랑 시집을 가버린 친구의 집들이. 필요한 게 뭐냐. 도대체 뭐냐. 수십 번 물어봐도 괜찮다는 대답뿐. 실용성도 좋고, 필요한 것도 물론 중요하지만! 사주고 싶은 건 많지만 뭔가 마음 가득 담긴 잊히지 않는 의미 있고 센스 넘치는 선물을 해 주고 싶었다. 보통 집들이에 갈 때 뭘 사들고 가나 살펴보니 휴지, 세제 등등. 소모품이 대부분이었다. 하지만 그런 것으로 내 마음을 온전히 채우기는 어려웠다.

신혼부부니까, 신혼의 마음이 잘 담긴 말들을 작품으로 남겨서 집에 걸어둘 수 있게 선물해야겠다는 마음. 크고 작은 액자에 신혼에 어울리는 말들을 담아 선물하기로 했다. 이런 센스 있는 선물을 보았다. 문구를 생각하는 데에도 상당히 오랜 시간이 걸렸다. 결혼을 안 해봤거든요⋯⋯.

그 순간 머릿속에 '서로에게 물들다'라는 말이 떠올랐다. '맞아, 부부라는 것은 서로에게 물들어 하나가 되는 거잖아. 그래 이게 좋겠다.' 이 문구를 쓰고 그 아래에는 결혼 날짜와 신랑, 신부의 이름 그리고 '하나가 된 날'이라고 덧붙였다. 액자를 선택할 때에도 보통과는 달랐다. 그냥 유리 액자에 종이를 넣어 주는 것 보다 정말 작품처럼 만들어 주고 싶었다. 그래서 선택한 것이 바로 캔버스 액자! 주로 미술 작품 전시할 때 많이 사용하는 액자인데, 생각보다 가격도 저렴하다.

한 가지 단점이 있다면, 한번 쓴 것에 대한 수정이 불가하다는 것. 아, 뭐 이런 점도 매력적이네. 세상에 하나뿐이고, 바꿀 수도 없고, 십년, 이십년 오래 간직할 수 있겠다는 담백한 생각이 들었다. 액자도 크기별로 있어서 친구의 집에 인테리어 공간에 맞게 선택할 수 있었다. 무엇보다 친구의 행복을 바라면서 정성들여 쓰는 것이 중요했다. 이 문구를 쓸 때 어떤 느낌이 좋을까 고민 중이다.

캘리레시피 1

자! 친구의 결혼, 신혼부부에게 줄 선물. 당연히 귀엽고 사랑스러운 느낌이 좋겠죠? 말랑말랑한 글씨로 알콩달콩 쓰는 것이 좋을 것 같습니다. 캔버스 액자에 쓸 때는 미리 선택해 놓아야할 몇 가지가 있는데요! 자, 아래를 살펴봅시다.

필요한 재료	캔버스 액자 (크기별로 있어요!) + pentel GFKP 붓펜
방법	**1** 가로로 쓸지, 세로로 쓸지 선택한다.
	2 가운데에 쓸지 여백을 남길지 선택한다.
	3 쓸 공간에 눈으로 체크하고 손으로 체크한 후 쓰기 시작한다.
	4 귀엽고 발랄한 느낌의 글씨를 붓으로 표현하고,
	빨간색 하트를 색연필로 마무리 한다.
	5 액자 뒷면에 날짜와 메시지를 남기는 것을 잊지 말 것!

활용 포인트

저도 상당히 많이 활용하는 방법입니다. 캔버스 액자에 선물할 사람에게 전할 문구를 담아 전하게 되면 내 마음이 잘 들어가는 것은 물론이고, 상대방도 공감을 통해 오래도록 볼 수 있는 좋은 기억이 되지요. 이 방법은 여러 방면으로 활용이 가능하니, 꼭 신혼부부에게 하는 선물이 아니더라도 여러 사람에게 여러 포인트로 활용 해 보시면 좋을 것 같습니다!

그래도 실용성이라는 것이 필요하다면 와인 병을 추천합니다. 좋아하는 와인에 멋진 메시지를 쓰고, 와인 다 마시고 꽃병 하라고 전하면 친구는 그것을 절대 버리지 않고, 꽃병으로 활용하지요. 이 선물도 참 좋아하는 선물이더라고요.

여기서 주목해야할 점이 바로 이겁니다. 아무것도 아닌 것이 나의 캘리그라피 하나로 새롭고 가치 있는 것으로 탄생한다는 것이지요. 그냥 와인을 줬다면 친구는 분명 와인을 다 마시면 와인 병을 재활용 분리수거 통에 버렸을 테니까요. 하지만, 캘리그라피가 새겨진 와인 병은 집 한편에 두고 꽃을 꽂아서 추억이 담긴 인테리어 소품으로 활용할 수 있겠죠! 이런 센스를 키우시길 기원해봅니다.

필요한 재료 와인 병 (와인 이름이 쓰여있는 라벨 종이가 코팅 되어 있지 않을 것, 쓸 공간이 있는 와인 병을 추천합니다. 물론 맛도 고려하세요!)

+ pentel GFKP 붓펜

활용 포인트

남자친구와의 기념일

남자친구와 연인이 된지도
벌써 일 년.

일주년 선물을 고민하고 있지만, 잘 생각이 나지 않는다. 게다가 매일 야근에 월급날은 아직 멀었는데, 무슨 선물을 준비해야할까……. 기념일이라고 뭐 갖고 싶은 거 있냐고 물어보는 것도 참 멋이 없다. 우리를 기념하는 날이니 우리가 기억하고 서로 잘 이어갈 수 있는 무언가를 만들고 싶었다. 뭐가 있을까 뚜벅뚜벅 걷다가 길가에 예쁜 돌을 발견! 그 때 어느 다큐에서 봤던 장면이 생각났다.

'펭귄은 자신이 좋아하는 이성에게 예쁜 돌을 품에 넣어준다.'

앗! 이거다 하는 생각에 예쁜 돌을 주워다가 글을 써내려갔다. '당신은 나의 숨, 사랑합니다.' 캘리그라피로 새겨 넣은 글씨, 그러자 이것은 더 이상 그냥 돌이 아니었다. 사실 다이아몬드도 돌인데, 아름다움으로 그 값어치를 책정하는 것 아닌가.

아름다움의 깊이라면 이것도 그 이상이라는 생각이 들었다. 금은방에 가서 고급스러운 반지케이스를 하나 얻어다가 메시지를 써 넣은 돌을 넣고 주머니에 넣어 남자친구를 만나러 나섰다. 우리의 기념일은 달콤했고, 헤어지기 전 주머니에서 무심히 반지케이스를 꺼내 남자친구에게 건네주자, 남자친구가 그 케이스를 열어보았다. 그 때 내가 했던 말, '펭귄은 예쁜 돌을 주워서 좋아하는 펭귄 품에 넣어준대' 남자친구는 그 어떤 선물보다 반가워했다. 이런 센스 있는 선물이라니.

가만히 생각해보니 이건 정말 귀한 돌이 되었더라. 그냥 돌이 아니고, 우리의 일 년을 기념할 수 있는 아주 중요하고 값어치 있는 다이아몬드보다 값진 '돌'. 이 세상에 하나밖에 없는 내 마음이 담긴 단단하고 고귀한 '돌'.

센스 있는 선물이 되었던 기억입니다. 이때 저는 돌멩이로 기념일을 보낸 기억이 되었는데요, 하지만 그 어느 때보다 초라하거나 아쉬움 없이 좋은 추억이 된 것 같아요. 그 돌멩이는 아직도 반지케이스에 고귀하게 담겨 있겠죠. 활용하시는 방법은 아주 간단합니다!

필요한 재료	돌멩이 (표면이 매끈하고 색이 밝은 돌멩이를 추천!)
	+ pentel GFKP 붓펜 + 네임펜 (하트 등 꾸밈용.)
방법	1 길가의 예쁜 돌멩이를 찾아본다. (사실 이게 가장 어렵다.)
	2 돌멩이를 선택할 때는 되도록 표면이 고른 것, 색깔이 밝은 것을 선택한다.
	3 붓펜, 또는 네임펜으로 마음을 담은 캘리그라피를 표현한다.
	4 남자친구에게 센스 있는 멘트와 함께 선물로 전한다.

활용 포인트

힘내, 친구야

얼마 전,

친구가 회사 일 때문에 너무 힘들고 지친다는 얘기를 했다. 회사 다니는 친구들의 행복한 미소를 보는 게 참 힘든 일이 되어버렸다. 뭘 해줄 수 있을까 고민하다 일단 밥이나 한 끼 같이 먹자는 마음으로 집을 나섰다. 친구의 회사 앞에 가면 만날 수 있는 시간은 한 시간. 밥을 먹고 나서 차 한 잔 하고 나면 다시 일터로 돌아가야 하니 볼 수 있는 시간도 여간 짧은 것이 아니었다.

점심시간이 되자 사원증을 목에 건 친구가 뛰어왔다. 지친 얼굴이었지만 반가운 미소를 띤 채였다. 나는 무심한 척 '가자!' 하고 친구의 손을 끌고 미리 알아둔 맛집으로 들어가 함께 맛있는 점심을 먹었다.

맛있는 점심을 먹고 난 뒤 아메리카노 한 잔은 필수. 시간이 촉박해서 테이크아웃 잔을 선택할 수밖에 없었다. 마침 친구가 화장실에 가 자리를 비운 사이 아메리카노를 받아온 나는 친구를 이대로 그냥 들여보내기가 아쉬워 펜을 꺼내 테이크아웃 잔에 이렇게 써내려갔다.

'힘내지 않아도 괜찮아'

때로는 힘내라는 말이 더 무거워질 수 있다는 것을 누구보다 잘 알고 있다. 무조건 괜찮다는 말을 해주고 싶었다. 본래 글은 말보다 힘이 세다고 믿기 때문에 테이크아웃 잔에 담긴 아메리카노와 이 메시지가 친구에게 커다란 힘이 될 수 있을 것이라 생각했다. 돌아온 친구는 내가 건넨 아메리카노를 받자마자 왈칵 눈물을 쏟았다. 어서 들어가라고 친구를 달래 보내고 돌아서 오는 길의 발걸음이 무거웠다. 그때 친구에게 도착한 카톡 메시지.

'오늘은 살맛난다!'

나는 그렇게 또 캘리그라피로 전한 내 마음으로 더 큰 마음을 받았다. 서로에게 고맙고, 서로에게 위로가 되는 날이었다.

제가 자주 하는 행동입니다. 글은 말보다 힘이 강하다고 믿는 사람이기도 해서, 힘들어하는 친구, 동료들에게 힘내라는 말 대신 이런 움직임을 보이곤 하지요. 나는 참 행복한 사람이구나를 느낄 수 있게 해 줍니다. 여러분도 해보실거죠? 그럼 여기서 활용 포인트 공개.

필요한 재료	테이크아웃 잔(배경이 하얀 보통의 테이크아웃 잔 커피를 시키세요!)
	+ pentel GFKF 붓펜
방법	1 테이크아웃 잔은 무조건 하얀색이어야 효과적입니다.
	2 커버에 쓰는 것 보다 하얀 테이크아웃 잔에 쓰는 것이 좋지요.
	3 친구에게 전하고 싶은 말을 진심 담아서 씁니다.
	4 아메리카노 다 마시고 버리지 말고 씻어서 연필꽂이 하라고 하면,
	친구의 책상 위에 오래도록 남을 수 있겠죠.

활용 포인트

이건, 정말 일상에서
활용할 수 있는 좋은 TIP 이에요!
받아도 기분 좋고,
전해도 행복한 움직임입니다!
활용해보시면 참 따뜻한 마음으로
이어갈 수 있을 거에요!

특별한 크리스마스 카드

올해가 시작된 지

얼마 되지도 않은 것 같은데 벌써 크리스마스라니⋯⋯. 이렇게 시간이 빠른 것은 나만 느끼는 것은 아니겠지? 아쉬워해도 시간은 잘도 간다. 이제 곧 크리스마스인데, 한 해 동안 고마웠던 사람들에게 이 큰 마음을 어떻게 전할까 아무리 고민해 봐도 카드만한 것이 없다. 고마운 마음 곱게 담아서 전할 수 있는 카드가 좋을 것 같은데, 종이 카드는 왠지 너무 일반적이고 읽고 나서 서랍 속에 들어가 버리는 것이 아쉽다는 생각이 든다.

그래서! 간직하고 세워놓을 수 있는 카드를 만들면 좋겠다는 생각이 들었다. 문득 생각나는 것은 액자의 역할도 하는 무언가였는데, 액자와 카드는 또 살짝 경계가 있고, 어떤 방법이 있을까 고민 끝에 좋은 아이디어가 떠올랐다!

나무판을 활용하기로 했다. 그냥 나무판은 너무 우울한 느낌이 드는 것 같아 무늬를 새기고 싶은데, 그림은 못 그리고, 디자인은 너무 오래 걸리고 해서 착안한 방법이 바로 도일리 레이스!

도일리 레이스를 나무판에 대고 래커를 뿌리면 그 구멍사이로 래커는 새겨지고 레이스 부분은 새겨지지 않아 예쁜 무늬가 새겨지겠구나! 기가 막힌 발상이다! 일단, 나무판을 사러 갔다. MDF 나무판은 큰 화방이나 목재소에 가니 크기별로 구할 수가 있었다. 게다가 크기도 가격도 아주 다양한데, MDF의 경우 가격이 아주 저렴해서 많은 사람들에게 선물할 때 아주 유용할 것 같다는 생각이 들었다. 내가 직접 래커를 뿌린 나무 레이스 카드는 받는 사람 하나하나 그 감동 자체였다. 또, 받고나서 어딘가에 걸어놓거나 자기 사무실 책상에 세워놓고 보는 등, 활용의 가치가 아주 높았다. 다가올 한 해 동안 응원의 메시지가 될 생각을 하니 내 마음이 다 설렜다.

자, 그럼 준비 영역을 살펴볼까요? 아주 저렴한 재료로 간단하게 시도할 수 있는 카드입니다. 그리고 세상에 하나밖에 없는 나만의 디자인이라는 것이 아주 멋진 의미가 되기도 하지요. 올해 크리스마스에는 예쁜 카드 찾아 헤매지 마시고 직접 멋진 문구를 생각해서 직접 만들어보는 건 어떨까요?

필요한 재료	MDF 판 (크기별로 선택하세요) + pentel GFKP 붓펜+ 래커 (무광 / 흰색) + 도일리 레이스
방법	**1** MDF 나무판을 준비한다. 카드 정도의 크기면 좋다.
	2 나무판보다 약간 큰 도일리 레이스를 준비한다.
	3 밝은 색 래커를 준비한다. 무광래커가 좋다.
	4 나무판 위에 도일리 레이스를 덮고 래커를 뿌린다.
	이때, 래커를 뿌릴 때 도일리 레이스가 날아가지 않도록 테이프 같은 것으로 살짝 고정하는 게 좋다.
	5 래커가 마를 때까지 기다렸다가 도일리 레이스를 떼어낸다.
	6 무늬가 새겨진 나무판 위에 전하고 싶은 메시지(이때 앞판에 쓰는 메시지는 두고두고 봐도 좋은 것을 선택한다.)를 캘리그라피로 쓴다.
	7 나무판의 뒷면에는 받는 사람에게 전할 카드의 내용을 적는다.
	8 받을 사람에게 잘 전달한다.
	9 감동받는 모습을 보고, 나 또한 감동받기!

활용 포인트

추천하는 크리스마스 카드가 하나 더 있습니다!

술 좋아하는 분들 많으시죠? 술은 괴로우나 기쁘나 친구가 되어주는 아주 매력적인 녀석입니다. 그래서 저는 연말이 되면 크리스마스 카드에 이 녀석을 이용해봅니다.

바로 술 카드죠! 어렵게 마무리한 한해 생각하면서 또는 새롭게 시작할 한해에 설레면서 정말 힘들거나 정말 기쁠 때 마시라고 선물로 주는 거죠. 그냥 주면 센스 없으니 카드로 활용하는 것 잊지 마셔야 합니다. 어렵지 않습니다. 소주병에 스티커 종이를 붙이는 거예요.

그렇게 큰 크기의 백지 스티커가 어디 있냐고요? 바로 라벨지죠! 주소 라벨지로 흔히 쓰이는 라벨지는 크기별로 종류도 다양하고, 요즘에는 크라프트지 색상도 나와서 아주 감각적으로 활용할 수 있습니다. 라벨지를 큰 사이즈로 사서, 소주병에 대어 보면 어느 정도로 붙여야 좋을지 계산이 됩니다. 병에 붙이고 쓰면 어려우니, 쓴 다음 알맞게 오려서 붙이는 것 잊지 마시고요! 전하고 싶은 메시지를 소주에 적어 남겨보니 참 감동 있고 위트 있는 선물이 되어버렸네요! 어렵게 지나온 한해를 잘 마무리하라는 의미도, 새롭게 시작할 한해를 응원하는 의미도 되어주고 소주를 마셔버려도 잘 세워놓을 수 있는 기억이 되어주니 센스 있는 카드가 됩니다. 꼭 연말이 아니더라도 때때로 센스 있는 선물, 혹은 메시지를 전하고 싶을 때 활용해보세요! 저도 많이 해봤지만, 항상 반응이 좋았던 움직임이었어요!

위트와 감동이 잘 담긴 '소주 카드' 활용해보시길 바랄게요.

필요한 재료   소주 (또는 선물하고 싶은 술) + 라벨지 (크기별로 있어요)

          + pentel GFKP 붓펜

활용 포인트

내 친구의 결혼식
그리고 나의 결혼식

어느새,

나이가 차곡차곡 쌓였더니 친구들이 하나 둘 시집장가를 가기 시작한다. 친구들끼리는 TV나 세탁기 등 묵직한 선물을 해주기 마련인데 나는 좀 더 특별한 선물을 해주고 싶다는 욕심이 멈추질 않는다.

사실 어렸을 때부터 나는 '내가 네 결혼식 사회를 봐주겠다'는 공수표를 빵빵 날렸기 때문에 시켜주면 정말로 할 생각이었는데, 아직 소식이 없다. 그러던 어느 날, 결혼을 앞둔 친구가 결혼식을 통해 뭔가 특별한 기억을 만들고 싶은데 어떤 게 있을지 모르겠다고 고민하는 모습을 보고 청첩장 아이디어가 떠올랐다. 친구에게 내가 청첩장을 써주겠노라 선언했더니 기다렸다는 듯 얼굴에 함박 미소를 띤다.

사실 청첩장에는 많은 디자인 소스를 사용하는 것보다 캘리그라피 청첩장만의 매력을 돋보이게 하는 것이 훨씬 효과적이다. 친구 둘이 같은 시기에 결혼을 했는데, 하나는 호주인과 결혼을 했고 하나는 교회에서 식을 올렸다. 둘 다 일반적인 경우는 아니니 그 특징을 살려 시도해봐야겠다고 생각했다. 일단, 호주인(남편의 이름은 '라이언')과 결혼한 친구에게는 옷에 캘리그라피를 써주었고, 친구는 그 옷을 입고 웨딩촬영까지 했다. 라이언을 만나 소감을 물어보니 이건 정말 '어메이징' 하다며 특별한 추억이 될 것 같다며 매우 고마워했다. 특히 '한국사위', '호주며느리'라는 멘트가 독특하고 귀여웠다고 했다.

티셔츠에 쓸 때는 붓과 섬유물감으로 쓱쓱 써내려갔는데, 종이에 쓸 때와 비슷해서 큰 어려움은 없었다. 섬유물감으로 쓴 글씨는 옷감을 뒤집어 다림질을 하면 글씨가 지워지지 않는다. 진짜 옷이 완성되는 것이다! 친구가 아기를 낳으면 아기 옷까지 만들어 줘야겠다. 정말 기분 좋은 기억이다.

교회에서 결혼한 친구에게는 둘이 나란히 서 있는 사진에 캘리그라피를 넣어줬다. 포토샵을 이용하면 전혀 어렵지 않다. 웨딩사진은 이미 예쁘게 찍어졌으므로 수고스러울 것도 없었다. 하지만 캘리그라피만은 심혈을 기울여 썼다. 경건하고 고풍스러운 결혼식과 잘 어울리는 청첩장이 된 것 같았다. 이것 또한 내 마음 속에 고요히 남아 있는 좋은 기억이다.

캘리레시피 1

자, 친구의 결혼식! 특별한 선물을 하기에 캘리그라피만 한 것이 없습니다!

저의 두 가지 사례를 예로 어떤 시두를 할 수 있는지 알아봅시다.

웨딩 촬영할 수 있는 티셔츠 만들어주기

필요한 재료	흰색 면 티 + 섬유물감 + 수채화 붓
방법	**1** 신랑과 신부에게 맞는 티셔츠 준비!
	하얀색 배경에 검은색 글씨 + 색 포인트가 좋습니다.
	2 티셔츠를 계속 남길 수 있도록 하려면
	섬유물감이 필요합니다. 섬유용 물감이 따로 있습니다.
	섬유용 물감은 디자인한 후에 다리미질을 하면 차후 세탁을 해도
	지워지거나 번지지 않도록 나온 제품입니다.
	3 티셔츠 전면을 보고, 적절한 위치에 써 내려갑니다.

활용 포인트

요즘은 다리미질 필요 없이 사용할 수 있는 섬유용 물감, 섬유용 싸인펜 등이 많이 있으니 구미에 맞게 골라보세요.
저는 섬유용 물감을 택했습니다.
아무래도 붓 느낌을 표현하기에는 이것이 더 적합할 것 같아서요.
신랑, 신부만의 독특한 멘트나 이름이 들어가면 세상에 하나뿐이라는 의미가 더욱 강하게 표현되겠죠!

앞에서 포토샵을 간단히 배워봤으니 이 정도는 아무것도 아니죠! 요즘은 특히 DIY 청첩장을 만들어주는 사이트가 많아서 수고스럽지 않게 만들 수 있으실 거예요! 자, 다시 한 번 알아볼까요?

청첩장에 캘리그라피 넣기

필요한 재료	A4 용지 + pentel GFKP 붓펜 + 포토샵이 저장되어 있는 컴퓨터 + 스캐너 + 결혼사진&멘트
방법	**1** 친구의 청첩장에 들어갈 멘트를 생각합니다.
	2 하얀 종이에 캘리그라피로 문구를 씁니다.
	3 캘리그라피로 쓴 문구를 스캔 합니다.
	이때, 해상도는 300dpi 이상이 좋습니다.
	4 친구에게 청첩장으로 사용해도 좋을 사진을 받습니다.
	5 포토샵 활용 페이지를 참고하여 글씨를 넣습니다.
	6 친구에게 전송! 친구는 이 청첩장으로 결혼식에 모시고 싶은 손님들을 초대할 거예요.
	7 기쁨을 안고 결혼식으로 갑니다!

활용 포인트

평생 한 번밖에 없는 결혼식,

그 소식을 알리고 영원히 남을 수 있는 청첩장에 활용하는 것, 티셔츠에 글씨를 넣어 그 옷을 입고 친구가 웨딩사진을 촬영하는 것. 이것 모두 정말 새롭고 소중한 일이죠! 친구들이 이미 시집, 장가를 가신 분들은 아이들의 돌잔치로! 어머님, 아버님 칠순, 팔순 잔치용으로 활용할 수 있겠죠! 활용할 수 있는 영역은 우리 생활 가까이 너무 너무 많습니다! 꼭 움직여보시길 바라요!

아참!

그리고 그 누구보다도 이 다음에 제 결혼식이 물론 궁금하시겠죠?

저는 멘트 구상이 끝났고, 신랑 신부가 입장하는 카펫에도 글씨를 넣을 생각이에요. 플랜카드와 포스터는 기본이고요, 어쩌면 웨딩드레스에도 글씨를 넣을 수 있다는 무한상상을 저지르고 있네요. 멘트나 구성에 대해서도 딱 떠오르는 것이 있어서 생각을 끝냈지만, 미리 공개하지는 않을게요.

결혼식에 대한 구상과 플랜이 마무리 되었지만, 결혼 계획이 없다는 것……

그것이 함정이죠!

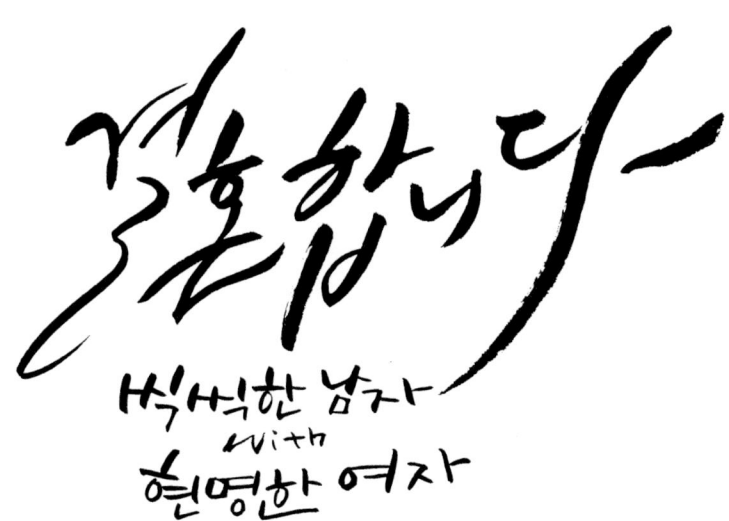

우리 집
인테리어 소품을 내 손으로!

작업실이 생겼다.

내 삶, 처음으로 내 공간이 생긴 것이다. 누구보다 설레고 행복했다. 이 공간을 어떻게 오밀조밀 꾸며볼까 생각에 빠져있다 보니, 활용할 수 있는 것들이 굉장히 많았다. 창가에는 화분이 있었고, 화장실 벽을 보니 타일이 있었고, 거실에는 거울이 있었다. 아하, 이거면 충분하겠다 싶어 스탠바이에 들어갔다. 평소 내가 쓰던 붓으로는 금방 지워지는 건 물론이고 코팅되어 있는 재질에 써지지 않는 것 또한 당연했다. 그래서 선택한 것이 페인트 마카! 코팅된 재질에 잘 써지고, 마른 후에는 물이 묻어도, 만져도 지워지거나 번지지 않는다. 이런 강점을 이용하여 페인트 마카로 작업을 시작했다.

사실 공간마다 쓰고 싶은 문구들이 달랐기 때문에 그 자체를 활용하면 되었다. 내 공간이기 때문에 글씨를 써 놓으면 자주 마주칠 수밖에 없는데, 그렇다면 질리거나 지겨워질 여지없이 항상 공감하고 좋아할 수 있는 문구를 선택하는 것이 중요했다.

화장실 타일에 하나,
거실 거울에 하나,
창틀 화분에 하나 쓱쓱 써 보았다.
한번 쓰면 지워지지 않는 페인트 마카라서 쓰는 데에 신중을 기했고, 귀엽고 발랄한 느낌의 마카 활용법과 외롭고 쓸쓸한 느낌으로 스치는 선 느낌을 참고했다. 그러자 각각의 모습이 독특하게 잘 나타났다.
나는 이 문구들을 보면서 양치질을 하고, 나갈 준비를 하고,
창문을 내다본다. 기분이 좋다.

제가 활용하고 있는 방법입니다! 기분 좋은 문구, 게다가 내 손으로 쓴 문구들이 내 생활공
간 곳곳에 배치되어 있는 것은 참 기분 좋은 일입니다. 인테리어를 꼭 값비싼 무언가로 하
기보다는 펜 하나 들고 자신이 마음을 담아 기록하고 보면서 생각할 수 있는 기회를 만들
어 보는 것은 참 매력적인 일이죠! 다른 사람에게 전하는 것도 좋지만, 일단 내가 느낄 수
있는 곁에 두는 것도 참 중요해요. 이 부분 잘 기억하시고 꼭 활용해보시길 바라요.

필요한 재료   액자 + 한지 + pentel GFKP 붓펜 + 인주 + 손가락

(손가락에 인주를 찍어 하트 모양 만들기)

활용 포인트

필요한 재료	**1**	방향제 + 네임펜
	2	종이 화분 + 크라프트지 + pentel GFKP 붓펜
	3	소이 캔들 + 라벨지 + pentel GFKP 붓펜
	4	머그는 캘리그라피를 쓰고 파일로 만들어 머그 업체에 인쇄를 맡겨야 합니다.
		DIY 머그를 소량 제작해주는 곳도 있어요!

활용 포인트

아, 가을이로구나!

빌써, 가을.

쌀쌀한 바람이 불기 시작했다. 색색깔로 물든 낙엽들이 나를 쓸쓸하면서도 따뜻하게 만들어주는구나. 가만, 길에 이렇게 떨어진 낙엽들, 간직하고 싶은데……. 책에 넣어서 말려볼까? 아, 이 방법은 너무 진부한데……. 다른 방법이 없을까? 고민 중에 캘리그라피를 활용해 보기로 했다. 캘리그라피와 낙엽이 잘 어울리는 것은 물론이었고, 나의 생각을 낙엽에 캘리그라피로 남겨 간직할 수 있다면 이보다 낭만적인 게 또 있을까 하는 기분이 들었다.

낙엽을 주웠다. 샛노란 은행잎은 붓펜으로 쓴 캘리그라피와 아주 잘 어울렸다. 게다가 바싹 말랐기 때문에 캘리그라피를 쓰기에도 적합했다. 코팅까지 하면 더 좋겠다 싶어 문구점으로 달려갔다. 내 방의 벽 한쪽이 곧 낙엽으로 도배가 될 것 같은 느낌. 아, 이건 정말 낭만적인 일이야.

가을이 되면, 새록새록 피어나는 욕망입니다. 캘리그라피가 담긴 낙엽은 정말 저를 감성
으로 물들였죠. 어떻게 하면 좋을지 간단 코멘트 해 드릴게요!

필요한 재료	마른 나뭇잎 / 낙엽 + pentel GFKP 붓펜
방법	**1** 뚜벅뚜벅 거리를 거닌다.
	2 낙엽이 보인다.
	3 모양이 온전하고 크기가 캘리그라피 문구를 넣기 적당한 낙엽으로 줍는다.
	4 주의할 점은 살아있는 나뭇잎을 꺾어서 가져오지 말아야 한다는 것.
	숨이 아직 남아 있는 나뭇잎은 글씨를 뱉어낸다. 또한, 내 글씨를 위해
	그 나뭇잎이 생을 다해야한다는 건 좀 슬픈 일 아닌가.
	낙엽으로만 시도 해 볼 것을 추천한다.
	5 캘리그라피가 담긴 낙엽을 코팅해서 잘 간직한다.
	이때, 날짜를 꼭 적어두세요! 기억에 좋은 도움이 될 거예요.

활용 포인트

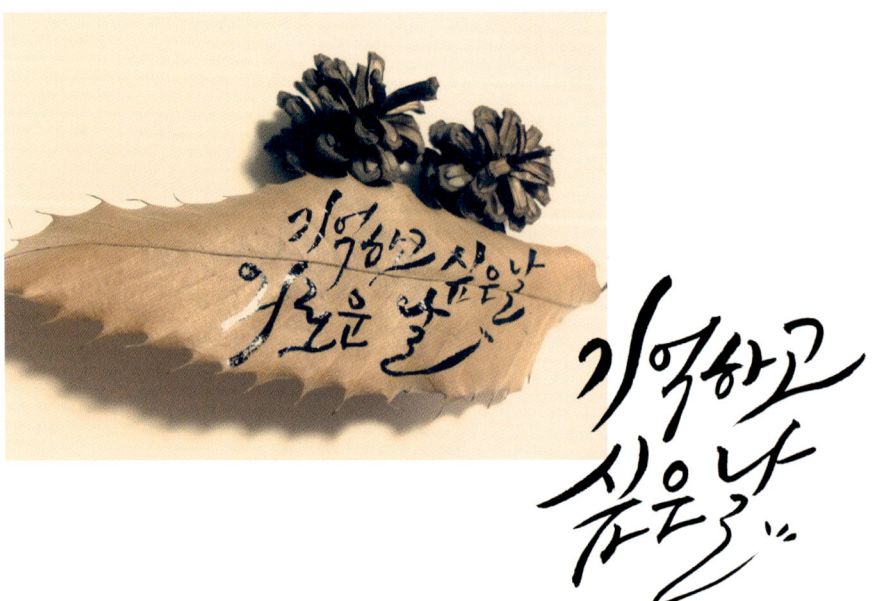

아, 캘리그라피 보람 터지네

제가

캘리그라피를 하고 난 후부터 많은 글씨를 보다 보니 길가다가 캘리그라피 글씨체를 보게 되면 누구의 글씨인지 바로 알게 되는 경우가 많습니다. 어느 날, 이태원을 거닐다 낯익은 글씨를 발견했어요. 누구 글씨더라……. 한참 생각했습니다. 누구지, 누구지……. 생각해보니, 제 수강생 분 중 한 분이었어요! '이태원블루스'라는 술집이었는데, 너무 반가웠습니다. 바로 연락을 했더니 좋은 기회가 되어 배운 캘리그라피를 이렇게 활용하게 되었다고 하시더라고요. 이태원 한복판에 걸려있는 수강생의 글씨가 너무너무 반가웠습니다. 수강생분도 이를 볼 때마다 너무 뿌듯하고 캘리그라피 배우길 잘한 것 같다며 기뻐하는 모습을 보니 제가 더 뿌듯했습니다. 아, 이건 너무너무 반가운 캘리그라피였어요.

수능 여파로 추위가 한창이었던 어느 날, 어깨를 움츠리고 길을 걷고 있는 데 또 낯익은 글씨가 보입니다.

'준오야, 수고했어'

준오헤어 앞에 걸려있는 배너에 쓰여 있는 글씨였어요. 아, 이거 누구 글씨인 줄 알겠다! 대번에 떠오르는 분이 있어서 연락을 했죠. 그랬더니 선생님, 제 글씨를 알아보셨냐며 감사하다고 하시는 수강생 분이었죠. 이 분은 준오헤어의 마케팅팀에 계시는 분이었는데, 캘리그라피를 배워서 회사에서 멋지게 활용하고 계시는 것이었어요. 게다가 고객들에게 보여줄 멘트까지 직접 쓰고 계시니 이것이 진정 고객에 대한 배려가 담긴 캘리그라피가 아닌가 싶었습니다. 잘하셨다는 칭찬과 함께 앞으로도 이 마음 잘 이어가시라는 응원을 보냈습니다.

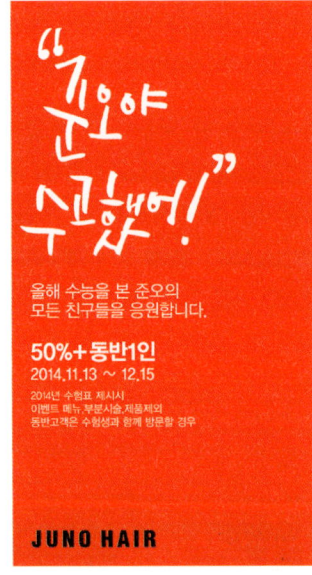

사실, 저에게 캘리그라피를 배운 수강생 분들이 이렇게 활용하시는 모습을 보면 정말 말로 할 수 없을 만큼의 보람을 느끼는 동시에 자긍심까지 전달받는 것 같습니다. 캘리그라피를 혼자서 노트에 꼬물꼬물 연습으로 지키는 것도 좋지만, 어떻게 활용하고 이어가느냐에 따라서 계속하고 싶은 의지가 달라질 수 있습니다.

캘리그라피를 시작하셨다면, 꼭 활용 빈도를 높이시고, 용감하게 활용하시길 바라요! 이다음에 우연히 이 책으로 캘리그라피를 공부하고 활용하셨다는 말씀을 듣는 날이 오길 바라며…… 그 날이 오면 저는 정말 눈물 날 정도로 기쁘겠네요.

한 가지 더!

저에게 짜릿한 경험을 줬던 일이 있었는데요,

바로, 제 캘리그라피 글씨체로 타투를 하신 분이에요. 제 캘리그라피 글씨체가 좋다며 찾아와 자신이 하고 싶은 문구를 물어보고 몸에 새겨버렸습니다. 저는 이 분을 만날 때마다 제 영혼이 깃들었다며 가슴 뜨겁게 안아주곤 합니다.

이렇게 멋지고 짜릿한 일이 또 있을까요. 의미를 잘 나타냈다며 좋아했습니다.

정말 지금 생각해봐도 멋진 일이었어요.

주고받고

요즘,

한 과자가 아주 유명해졌다. 이 과자가 무슨 맛인지 맛보기 위해 중고 사이트를 뒤지는 사람들까지 생겼다니 놀랍다. 나도 그 과자가 무슨 맛인지 어떻게 생겼는지 궁금했지만, 쉽게 찾기 어려워진 탓에 포기 상태에 이르렀다. 그 과자의 정체는 바로 허니버터칩. 그런데 편의점을 운영하시는 수강생 한 분이 선물이라며 허니버터칩을 가져다주셨다. 와우! 기대하지 못한 선물에 깜짝 놀랐다. 바로 뜯어서 먹어 보았더니 달콤하고 짭짤한 맛이 혀에 착 감겼다. 이거 요즘 구하기 힘든데 어떻게…… 편의점을 운영하시는 사연을 들어보자 구하는 사람 만만치 않게 구구절절했다. 사람들이 너무 몰려와서 난처한 적이 한두 번이 아니라는 말에, 바로 펜을 잡았다.

'허니버터칩 재고 없습니다. 쏴리'를 써 드렸다.

받은 그 분은 꼭 필요했던 것이라며 무척 좋아하셨다. 항상 느끼는 건데, 받으면 주고 싶다. 그럴 때 캘리그라피는 정말 유용한 놈이다. 바로 생각나는 것들을 써 내려가 소중히 간직하거나 쓸모 있게 사용할 수 있는 무언가를 전해드린다. 이번에도 정말 잘 사용될 것 같아서 뿌듯했다. 와와!

이번 주에 만나 뵈면 꼭 후기를 들어봐야겠네.

캘리그라피 일기 쓰기

하루 종일

시달리고, 고단하고, 기뻤다, 슬펐다, 마음이 하루에도 열 번은 더 바뀌는데 이렇게 하루 이틀 가다보면 또 일 년이 지나가버리고 만다는 것이 아쉬워졌다. 한 살 두 살 먹다보니 자꾸만 지난 날이 아쉽고 그리워질 때도 많아졌다. 그래서 매일 매일을 기록하면 좋겠다는 생각을 했다.

사실 오래전부터 우리는 매일 매일을 기록했던 사람들 아닌가. '일기'라는 게 있었으니 말이다. 심지어 '그림일기'도 썼던 사람들인데. 이젠 캘리그라피를 할 줄 알게 되었으니 매일의 생각과 느낌을 기록할 때 캘리그라피만 한 게 없다는 생각이 들었다. 그래서 일기를 쓰기 시작했다.

그러나 길고 긴 문장과 느낌 전체를 캘리그라피로 쭉 쓰는 것보다는 함축할만한 단어나 문장을 쓰고 그 밑에 내용을 적어 놓는 것이 좋다고 생각했다. 캘리그라피는 감정을 넣어서 쓰는 글씨지만, 긴 문장을 주르륵 적다 보면 힘이 들기 마련이고 본래 글씨란 기록의 기능이 먼저였으니까. 그 날 하루를 함축할 수 있는 단어를 제목처럼 캘리그라피로 써 놓은 다음 그 아래에 자세한 내용을 나의 필체로 적었다.

예를 들어, 정말 짜증나는 날에 '아! 오늘은 짜증나는 날이네!'라고 적어두고 아래엔 왜 짜증이 났는지 적어두는 것. 나중에 보면 피식 웃음이 날지도 모른다. 반대로 무척 행복한 날엔 '너만을 사랑해'라고 적어두고 아래에 내용을 적는 것이다. 나중에 들춰보면 그때 그 설레는 마음이 다시 살아날 것이다. 나 역시 지금도 화가 났을 때 썼던 것들을 들춰보면 그때의 감정이 되살아나는데, 다시 화가 나는 것이 아니라 안쓰럽고, 피식 웃음이 나고 그렇더라.

캘리그라피의 맛을 느끼신 분들에게 제가 가장 많이 추천하는 방법입니다. 이런 걸 보면 캘리그라피는 자신의 감정을 순환시키며 지낼 수 있게 해주는 중요한 기능을 하기도 하는 것 같아요. 이 부분 꼭 기억하시고 활용해보시면 좋겠어요. 또, 다양한 감정을 쓰게 되다 보니 다양한 느낌의 캘리그라피를 연습할 수 있는 좋은 시간이 되기도 합니다. 자신의 생활 가까이에 두는 것이 캘리그라피 성장에 도움이 많이 되거든요. 예쁜 일기장 사셔서 간직하고 싶은 기록 만드시길 바라요.

저는 올해는 북 아트 하시는 이도 작가님께 다이어리를 선물 받아서 표지에 '화양연화'라고 써 봤어요. 화양연화는 인생에서 가장 아름답고 행복한 순간을 표현하는 말이죠. 마음에 듭니다. 다이어리에 차곡차곡 될 저의 많은 순간들이 이다음에도 참 고맙게 느껴질 거예요. 기디려집니다.

필요한 재료 다이어리 + pentel GFKP

활용 포인트

북아트 이도,
캘리그라피 허수연.

내가 하고 싶은 일을
함께할 수 있는

나는 술을 좋아한다.

그래서 술에 관련된 프로젝트 즉, 담금주 프로젝트 '허.주.단'을 만들어 4년째 이어가고 있다. 술이 이렇게 사람들을 많이 모을 수 있구나, 술로써 이렇게 많은 사람들을 만날 수 있다는 것을 내 삶 안에서 아주 재밌게 만들어가고 추억하고 있다. 술을 가지고 프로젝트를 한다는 것도 재밌지만, 여기서 내가 강조하고 싶은 것은 매년 바뀌는 프로젝트의 이름도 내가 직접 써서 보여주고 초대할 수 있었다는 사실이다.

살다 보면 내가 잘하는 재능이 쓸모 있게 쓰일 때만큼 전율이 일도록 좋고 감사할 때가 잘 없다. '허.주.단'의 프로젝트 경우만 봐도 매년 새롭게 떠오르는 주제들을 캘리그라피로 표현하고 많은 사람들을 초대할 수 있는 하나의 매개가 되었다는 것을 알 수 있다. 참 기분 좋은 일이다. 앞으로도 허주단은 계속해서 이어질 것이고, 나의 캘리그라피 움직임도 계속해서 함께 있을 것이다.

여기서 강조하고 싶은 것은, 어떻게 쓰일 수 있는지에 대한 고민을 함께 해보자는 것이에요! 아, 내가 무슨 포스터를 만들겠어, 나는 못해 내가 나설 일이 아니야! 라고 생각하고 있다면 잠시 생각을 바꿔보시길! 직장 내에서 혹은 개인적인 그룹 안에서 새롭게 형성되는 프로젝트나 모임이 있을 수 있습니다. 그 모임에 걸맞는 특별한 타이틀 로고, 슬로건 또는 포스터가 필요해지기도 하고요.

이때, 손을 번쩍 들고, '제가 캘리그라피 공부를 하고 있는데, 이번에 한번 써볼게요!' 라는 움직임을 해 보는 거죠. 특히 앞 파트에서 설명했던, 포토샵 파트를 참고하시면 포스터 완성본이 나의 손으로 태어날 수도 있겠죠! 그렇게 쌓이고 쌓이면 자꾸 하고 싶은 생각이 들고, 자랑하고 싶은 생각이 들고, 그렇게 되면 여러분에게 캘리그라피는 좋은 취미는 물론 특별한 특기가 되어 줄 거예요.

필요한 재료   스캐너 + 일러스트레이터 + 포토샵 = 캘리그라피 글씨를 위한

pentel GFKP 붓펜&A4 용지

활용 포인트

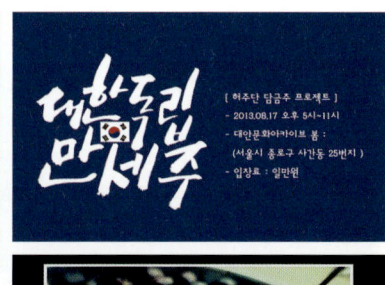

생활 속 활용, 봉투 쓰기

무슨 경조사가 이렇게 많은지······.

친구 결혼식에, 돌잔치, 엄마 아빠 생신, 명절까지······. 꼬박꼬박 다가오는 특별한 날들이 줄을 섰네요. 그 때마다 내밀 수 있는 것들로는 여러 가지가 있지만, 가장 유용하고 당연하게 쓰이는 것이 바로! 소박한 액수의 돈이 담겨진 봉투겠죠. 그런데 그냥 밋밋하게 내밀자니 뭔가 내 진심이 담기지 않은 것 같고 아쉬울 때가 있어요.

그럴 때마다 저는 자연스럽게 붓을 듭니다. 결혼하는 친구에겐 축하 메시지를(봉투 안에 축의금 + 비행기에서 보면 좋을만한 따뜻한 캘리그라피 쪽지를 넣어서), 할머니께는 오래오래 사시고, 얼른 시집가겠다는 바람을 담아서 드리곤 합니다.

아무것도 없던 흰 봉투가 캘리그라피로 가득차면서 새로운 존재로 탄생하는 걸 볼 때 정말 뿌듯하고 신나요. 또, 받아보는 사람들의 표정을 볼 때도 만만치 않게 보람을 느낄 수 있고요. 참 고마운 순간을 연속으로 주고받게 될 때가 많습니다. 어버이날에도, 이따금씩 동생에게 내미는 용돈에도, 감사와 응원의 메시지를 써서 전하면 받는 사람은 고마운 따뜻함이, 주는 사람에게는 마음을 가득 담아 준 것 같은 뿌듯함이 자연스럽게 전해질 수 있습니다. 이건 정말 쉽게 해볼 수 있는 거니까 아! 좋다! 라는 생각이 들었다면 바로 시작해보세요. 하얀 봉투가 캘리그라피로 채워질 때 내가 무언가 전하고 있는 생각이 들 거예요! 꼭 해보시길, 추천함과 동시에 응원합니다.

필요한 재료 봉투 (꽃이 들어간 한지봉투) + pentel GFKP

활용 포인트

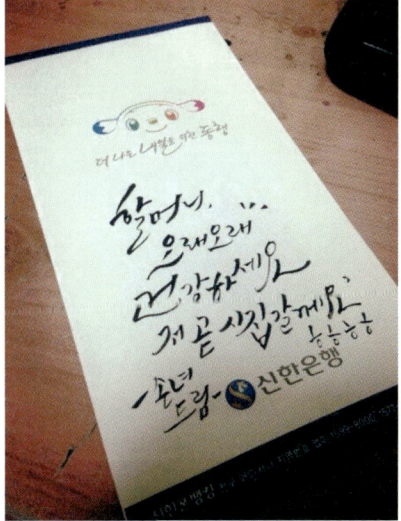

새해 인사, 센스 있게
진심을 전하고 싶을 때

아, 벌써 한해가 지나다니.

눈 깜짝할 새라는 게 이런 거구나⋯⋯. 한해가 지나가는 것이 참 아련하고 아쉽지만 한편으론 마음이 꽉 차고 설레는 걸 보면 새해를 맞이하고자 하는 마음도 아주 예쁘게 내게 있나보다. 새해 인사가 하나씩 온다. 마무리 잘 하고, 새해 잘 맞이하라는 의미로 하나씩 오는 문자들에 답을 해야 하는데, 아, 센스 있는 문구를 센스 있게 캘리그라피로 쓰고 전하면 참 좋을 것 같은데⋯⋯. 어디에 써야할지, 어떤 말을 써야할지 고민하던 중 다시 아이디어가 떠올랐다.

아, 그래. 최고라는 의미로 내 손가락을 치켜세우고 거기에 직접 쓰면 내 손도 나오고 캘리그라피 글씨도 나오니 정말 진심처럼 닿을 수 있지 않을까 생각했다. 가슴이 설레기 시작했고, 곧장 실행에 옮겨보았다. 그렇게 나는 새해 인사를 전할 수 있어서 진심으로 좋았다. 문자를 받은 모두는 정말 센스 넘치고, 기분 좋다고 했다. 이것저것 잘 만들어 놓은 이미지도 많지만, 내가 직접 내 손에 내손으로 쓴 캘리그라피는 참 멋지고 착한 역할을 해주었다. 그렇게 나는 신나게 새해를 맞이했다.

위에서 추천해드린 붓펜(pentel GFKP)은 유성이에요. 그래서 손 위에 써도 잘 써지죠.
저는 가끔 이런 장난스럽지만 진지한 센스로 진심을 전하곤 합니다. 벌써 새해가 빨리 왔
으면 좋겠죠? 꼭 한번 해보시길 바라요.

필요한 재료 엄지를 지켜는 자신의 손 + pentel GFKP 붓펜

활용 포인트

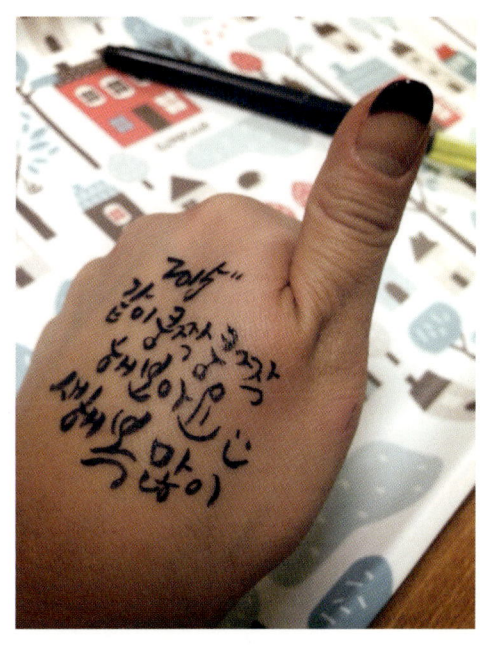

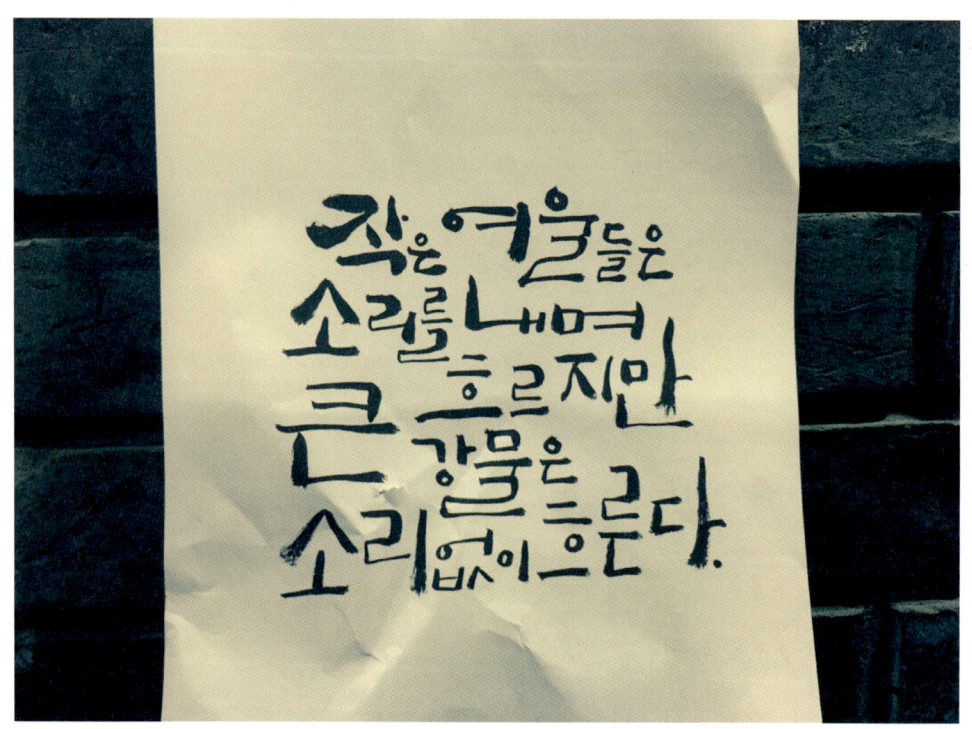

숫타니파타 中 허수연 씁니다.

생각해보니 그래요.
나를 빗대어 생각해보았던 순간.

마. 마음에 드는 또는 마음에 들지 않는

마음에 드는
또는 마음에
들지 않는

자주하는 실수, 갖고 싶은 표현, 하고 싶은데 잘 되지 않는 표현들에 대한 해결 방법을 제시하고 연습해보는 파트입니다. 캘리그라피 작업에 도움이 되는 실질적인 TIP도 함께 할게요.

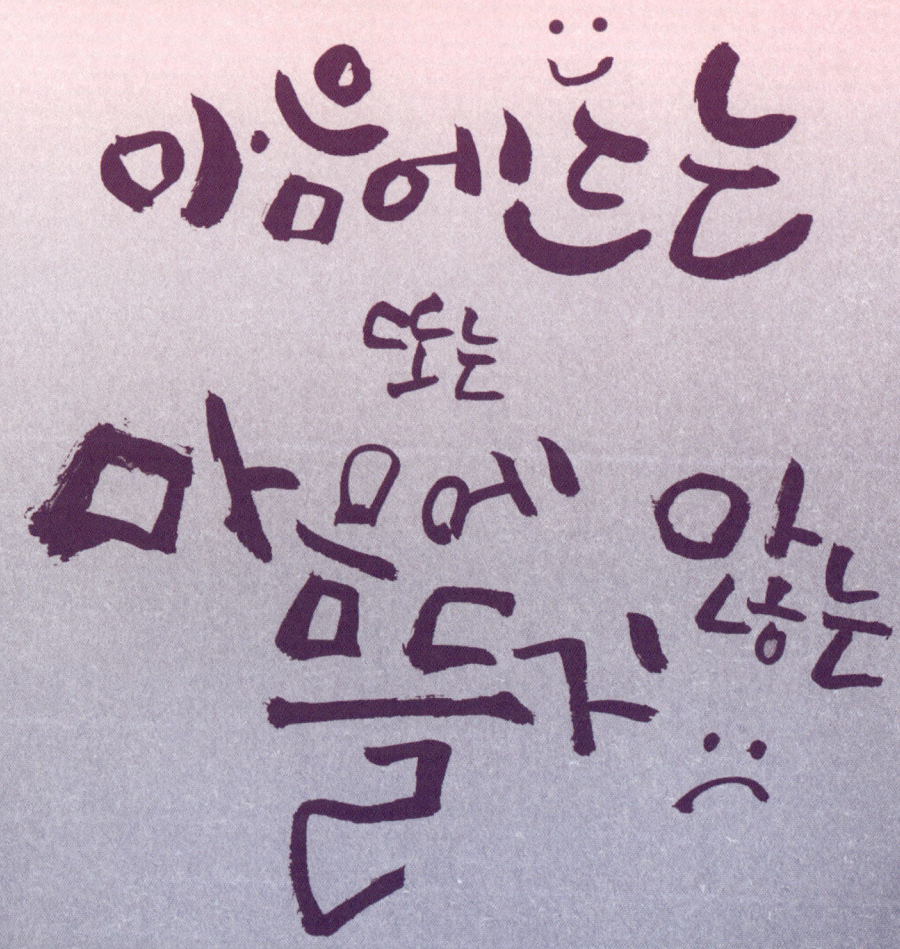

자주하는 실수, 갖고 싶은 표현

01

앞에서 캘리그라피 문구를 연습해 보면 이상하게 반복적으로 튀어나오는 버릇들이 있습니다. 자신의 의지로 계획해서 한 디자인이라면 모르지만 그게 아닌데도 반복적으로 튀어나오는 버릇들이 있다면, 그리고 그것이 자꾸 튀어 보인다거나, 같은 표현이 반복적으로 등장하면서 획일적이거나 지루하게 보이는 것이 있다면 이것들을 잡아내서 다르게 표현하는 연습을 해야 합니다. 문제는 자신은 그 버릇들을 글씨에 투입해서 쓰고 있으면서도 잘 발견하지 못한다는 점이죠. 대부분이 그렇습니다.

버릇과 습관이라는 것이 보통 그렇죠. 내가 하고 있으면서도 하고 있는지 조차 모르는 것들……. 수년간 많은 분들과 강의로 만나면서 그 분들을 통해서 발견했던 버릇과 습관들을 나열해 드릴게요. 고치는 방법까지 설명드릴 거니까 자신의 글씨와 비교하면서 '아, 나도 이런 버릇을 갖고 있었네, 하고 있었네' 하는 생각이 들면 제가 제시하는 다른 방향으로 한 번 시도해보는 게 어떨까요?

자, 이제 하나씩 살펴보도록 해요.

혹시 여러분 글씨에도 'ㄱ' 또는 'ㅈ' 같은 자음 들이 고개를 들고 있지 않나요? 그것도 한 문장 에서 여러 번 등장하는데, 등장하는 것들마다 똑같이 일정하게 고개를 들고 있지는 않나요?

위를 향하는 획이 나쁘다고 볼 수는 없지만 이것이 너무 반복적으로 등장하게 되면 다양하 게 표현했을 때 풍성해보일 수 있었을 부분의 효과를 되려 떨어뜨리는 경우가 많아요. 따 라서 'ㄱ'이나 'ㅈ' 같은 획이 항상 고개를 드는 버릇을 나도 모르게 하고 있다면 의식적으 로 다르게 쓸 수 있도록 노력해보자고요. 제가 나쁜 예를 보여드리고 이걸 살짝 바꿨을 때 어떻게 달라지는 지 직접 보여드릴게요. 예시를 보시며 달라진 모습을 느껴보세요.

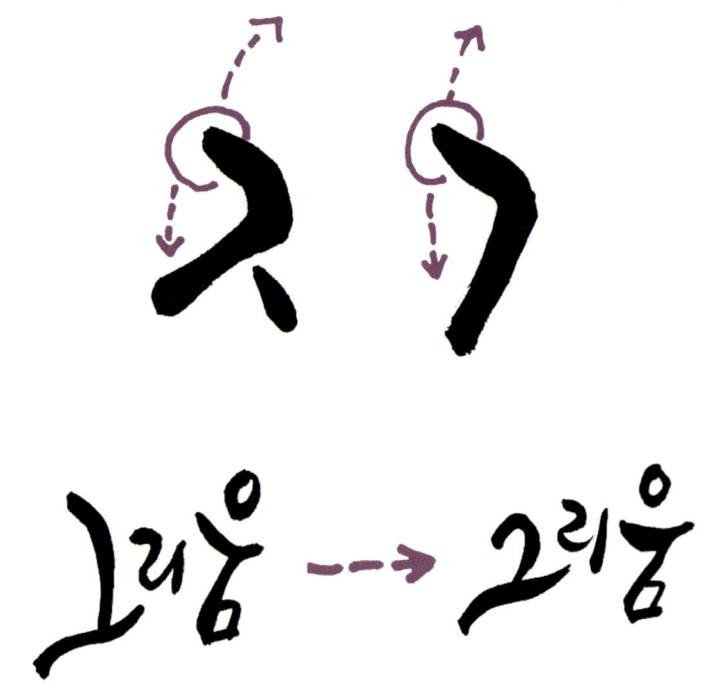

구조에 대해 느낌별로 설명을 드렸는데, 줄 맞춰 쓰지 않고도 균형감을 갖는 것이 여전히 힘드신 여러분, 사실 우리는 수십 년간 줄을 맞춰 쓰는 것에 익숙해져 있었어요. 그래서 이 방식을 깨고 새로운 구조를 생각해낸다는 것이 사실 마음처럼 쉽지는 않습니다. 하지만 캘리그라피에서 글씨체만큼 중요한 것이 바로 구조예요. 구조가 제대로 형성되어 있지 않으면 아무리 잘 쓴 글씨도 잘 쓴 것처럼 보이지 않지요. 그만큼 구조는 캘리그라피에서 아주 중요한 요소입니다.

나도 모르게 줄을 맞춰 쓰고 있다면 이것들만 기억하면서 써보세요.

- **강조하고 싶은 단어**
- **받침의 활용**
- **키를 키우는 효과**

자, 이 세 가지만 기억하면 구조는 자연스럽게 형성이 됩니다.
예시를 보면서 확인해 보세요.

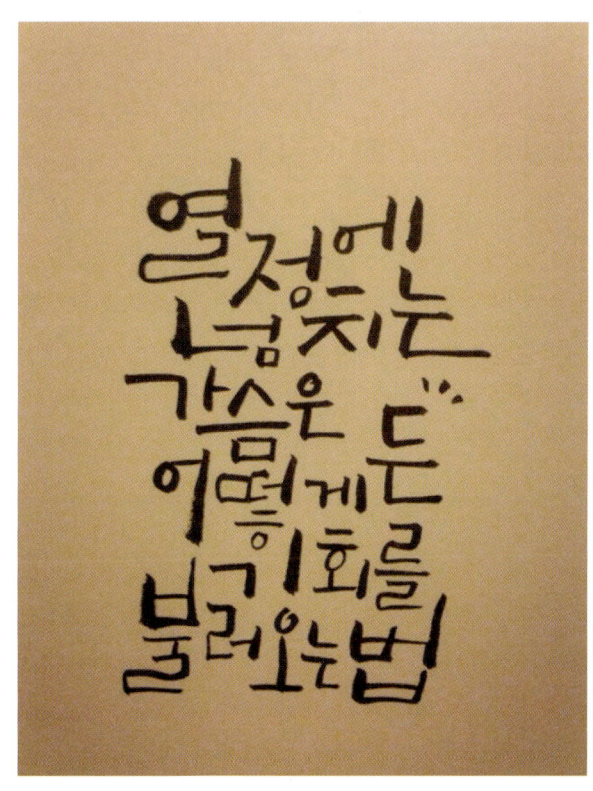

춤추라,
아무도 바라보고 있지 않은 것처럼.
사랑하라, 한번도
상처 받지 않은 것처럼.
노래하라,
아무도 듣고 있지 않은 것처럼.
일하라, 돈이 필요하지 않은 것처럼.
살라, 오늘이
마지막 날인 것처럼.

이건 아주 간단합니다. 둥근 획을 쓰고 싶은데, 붓 시작이 항상 뾰족하다면 원인은 한 가지겠죠. 붓을 대자마자 선을 긋기 시작했기 때문입니다.

둥근 획을 원한다면 붓이 종이에 머물러야 합니다. 바로 긋는 것이 아니라, 붓을 눌러 머물러주면 둥근 획이 완성되고 둥글게 시작한 모습을 보며 획을 긋기 시작, 즉 글씨를 쓰기 시작해야 합니다. 그러면 획이 둥글게 시작된 덕분에 글씨가 전체적으로 둥글게 보일 수 있어요. 따라서 캘리그라피를 시작하시는 분들은 글씨를 천-천-히 쓰셔야 합니다. 생각하면서 천천히요.

왜 글씨가
맨날 똑같죠?

원래 갖고 있던 자기 글씨를 버리라고는 하지 않습니다. 캘리그라피는 어디까지나 자신의 글씨에 메이크업을 시키는 것이지 전혀 새로운 글씨로 새롭게 탄생시키는 것은 아니에요. 자신의 글씨에 그 동안 배운 스킬들을 이용해서 살을 붙이고 메이크업을 시킨다고 생각하면 되지요. 그런데, 사실 똑바로 쓰고 줄 맞춰 쓰고 균형 있게 쓰던 버릇을 새롭게 리뉴얼 하는 건 매우 어렵게 다가올 수 있어요. 아, 지겨워. 지루해. 라는 생각이 머리를 수없이 스치고 괴롭히죠.

이럴 때, 제가 특별하게 제안하는 방법이 있습니다.

왼손으로 써보는 거예요! 왼손잡이라면 오른손으로!

자기가 익숙해져 있던 글씨에서 벗어나는 느낌을 바로 알게 해줍니다. 이게 무슨 소용이 있지요? 라고 생각할 수도 있지만, 자신의 손을 통해 새로운 글씨를 발견한다는 건 사실 아주 짜릿한 경험이에요. 왼손이 익숙해지길 바라는 것보다는 글씨체를 환기시킨다는 느낌으로 새롭게 접근해보시는 겁니다. 그러다 보면 새로운 영역에 접근할 수 있어요. 자신의 고정관념 그리고 손의 익숙함을 잠시 깨보는 게 좋습니다. 그렇게 하다보면 차츰차츰 나의 글씨가 다양해지는 걸 느낄 수 있을 거예요.

**붓을 잡는 방법이
따로 있나요?**

저는 붓을 잡는 손 모양이 독특해요. 그래서 저에게 배우시는 분들이 제 붓 잡는 모습을 따라하는 것을 발견하고 당황스러워 할 때도 있어요.

사실 붓을 저처럼 잡는다고 해서 캘리그라피 글씨체가 다양하게 표현되는 것은 아니에요. 서예의 경우, 붓을 잡는 것은 물론 몸 전체의 고정된 균형감, 고정된 포즈가 있지만, 캘리 그라피는 붓 잡는 법이 따로 없어요. 원래 글씨 쓰실 때처럼 편하게 잡으시면 됩니다.

하지만 붓을 너무 멀리 잡는 것은 추천 드리고 싶지 않아요.

멀리 잡을수록 붓을 통제하는 힘이 더 들어가거든요. 붓을 잡는 부분은 붓모 끝 부분부터 2cm 떨어진 부분이 좋을 것 같아요. 너무 멀리 잡지 않는다는 것만 참고하시고 편하게 잡으시면 됩니다.

**긴 문장을 쓰게 되면 처음 부분과
마지막 부분의 느낌이 달라져요.**

캘리그라피 초보자들은 글씨를 천천히 쓰시는 게 효과적이에요. 캘리그라

피는 생각이 많이 필요한 장르입니다. 한 획 한 획을 채워나가면서도 생각을 해야 해요. 단순히 글씨 쓰는 속도를 낮추시라는 것보다 완성하면서 한 글자 한 글자를 살펴보시라는 것이죠. 많은 분들이 긴 문장을 쓸 때, 처음 시작의 글씨의 느낌과 마지막 부분의 글씨 느낌이 달라서 많이 당황하시곤 합니다.

이것의 원인은 한 가지예요. 바로 내가 지금 종이에 대고 있는 붓끝만 보고 있기 때문이죠. 썼던 앞부분도 보고 써 나갈 다음 부분의 공간도 봐야합니다. 썼던 앞부분을 보면서 지금 어떤 느낌으로 채우고 있는 지 확인하고, 뒤에 남은 공간을 보면서는 어디에서 어떻게 마무리해야 하는지를 종합적으로 보는 거죠. 이 부분을 하기 위해서는 하면서 멈추고 하면서 잠깐 멈추고 하는 것이 도움이 됩니다.

따라서 빨리 써서 완성하고 싶은 마음도 알겠지만, 숨 고르면서 천천히 쓰시는 게 좋아요.

여기서 오해하시면 안 되는 부분이, 강하고 빠른 느낌의 획 같은 경우는 속도감이 중요한데 그렇다고 해서 획 자체를 긋는 속도를 줄이라는 의미가 아닙니다. 획의 느낌을 표현하기 위한 속도는 그에 맞게 두시는 게 중요해요. 참고하세요!

하고 싶은데
잘 안 되는 표현들

['ㄹ' 잘 쓰는 법]

제가 지금까지 보여드린 예시들 중, 유독 눈에 띄고 따라 하고 싶은데 잘 안 되는 표현들이 있을 거예요. 그건 아마도 'ㄹ'이 아닐까 예상됩니다. 저는 물결 모양의 'ㄹ'을 자주 사용해서 포인트를 주는 걸 즐겨합니다. 그래서 물결 모양의 'ㄹ'에 대해 자세히 알려드릴까 해요. 자, 먼저 물결 모양의 'ㄹ'의 구조를 파악해야 합니다.
아래 설명을 함께 볼게요.

옆에서 보는 것과 같이 'ㄹ'을 쪼개서 살펴보면,

굵었다 얇아지고, 'ㄹ'을 3등분 했을 때, 앞부분과 뒷부분의 비율이 비슷해야 한다는 걸 알수 있습니다. 굵었다 얇아지는 것은 붓을 내렸다 올렸다 다시 내리고의 반복이겠죠. 붓이 닿는 면적을 얼마만큼으로 하냐에 따라서 굵기의 변화가 생기게 됩니다. 이처럼 굵기의 변화와 균형감을 함께 갖는 형태로 'ㄹ'을 쓰시면 돼요. 또한, 획 사이사이의 공간의 비율과 굴곡이 일정해야 합니다. 공간이 없어 뭉개지거나, 굴곡이 너무 약하면 물결 모양의 화려한 'ㄹ'이 잘 만들어지지 않죠. 이 점 주의하셔서 천천히 써 보시면 하실 수 있어요! 천천히 하셔야 하실 수 있습니다. 빠르게 쓰다보면 뭉개지거나 획이 분명치 않아서 완성도가 떨어져 보이니 꼭 천천히 쓰시는 연습을 하셨으면 좋겠어요.

천천히 'ㄹ'의 모양을 보고 나서 기억해서 쓰는 것 아시죠?

어느 부분이 굵었고, 어느 부분이 얇았는지, 굴곡의 공간은 어떤지, 위의 도식화된 이미지를 보고 기억해서 쓰시길 바라요.

자, 이 'ㄹ'이 익숙해졌다면 응용을 해봐야겠죠?

위의 'ㄹ'이 매뉴얼적인 형태라면 이제 모음 및 받침과 만나 조금씩 달라지는 모습을 익혀볼게요. 매뉴얼이 익숙해졌다면 이건 아무것도 아니죠.

어떻게 바뀔 수 있는지 '룰루랄라'로 표현한 예시를 보면서 알려드릴게요.

보시는 것과 같이 어떤 모음을 만나느냐, 어떤 받침을 만나느냐, 받침이냐 아니냐에 따라 모양이 조금씩 바뀝니다. 이것은 고정된 룰로 적용되는 것이 아니라, 만나는 모음 또는 받침에 따라 안정된 모양을 택하게 되는 거죠. 게다가 '룰루랄라'는 신나고 발랄한 느낌이기 때문에 둥실둥실한 이미지를 갖게 돼요. 이렇게 매뉴얼적인 'ㄹ'의 모양에서 아랫부분의 굴곡을 앞으로 밀고 뒤로 밀고에 따라서 전혀 다른 이미지를 보여주기도 합니다. 다른 예시들을 보시면서 여러 방향과 모습으로 활용해보시길 바라요.

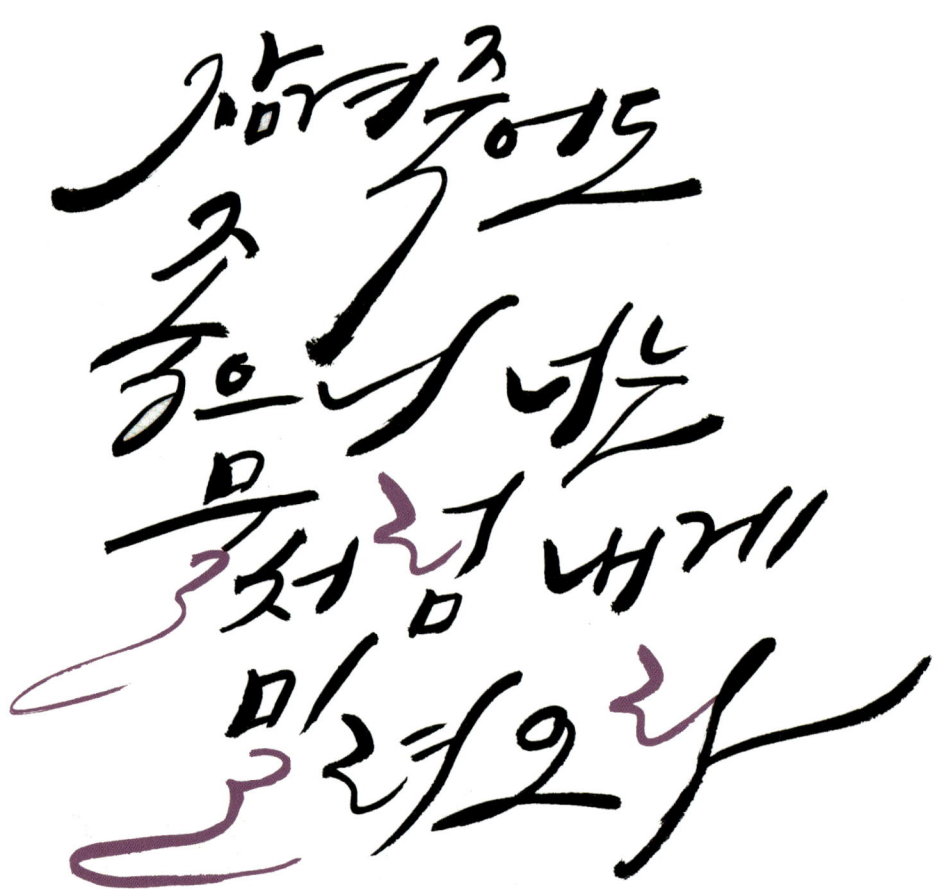

많은 분들이 글씨를 모아서 하나의 이미지가 되는 상태를 많이 상상하십니다. 글씨들이 모여서 모양을 만드는 건 참 좋은 아이디어인데요, 이때 주의할 점이 있습니다.

글씨들이 바깥 형태를 만들고 그 사이에서 오르락내리락 구조를 가지면 좋은데, 바깥 형태를 글씨로 둘러서 표현하는 경우는 좋지 않은 것 같아요. 말 그대로, 글씨가 모여서 형태를 만든 것과 글씨를 이용해서 틀을 만들어버리고 채우는 건 차이가 있습니다. 일단, 글씨 자체가 틀을 만들 때는 경직되고 정형화 될 수밖에 없겠죠. 그러나 글씨가 모이면서 형태를 만드는 것은 조금 더 자연스럽고 움직임이 활발해 보일 수 있습니다. 이 점을 꼭 생각하셨으면 좋겠어요. 예시를 보면서 비교해 볼게요.

예를 들면 사랑을 모아서 하트 모양을 만든다던가 하는 것들을 떠올릴 수 있겠군요. 이런 형태를 '사랑'이라는 글씨로 바깥 둘레를 둘러서 만들어주는 것보다는 글씨들이 모여서 어떤 형태를 만드는 것이 구성 면이나 가독성 면에서 더 좋을 것 같습니다.

물론, 개인취향이 있으니 뭔가를 틀렸다고는 할 수는 없지만, 아래 그림에서 보시다시피 둘레를 위해 모아놓은 글씨는 캘리그라피적 특징이 있는 글씨라기보다는 라인을 강조하기 위해 세워놓은 이미지가 더 강하지요.

이런 부분을 잘 참고하시면 좋을 것 같아요. 모든 디자인은 개인의 선택과 취향이 많이 필요합니다. 하지만 여러 가지 시도를 해 보고 선택을 한다면 더 좋은 결과물이 나올 수 있겠죠. 하나하나 시도해 보시고, 자신의 마음이 움직이는 걸로 선택해 보세요!

틀을 따라서 둘레를 만드는 것 보다는, 캘리그라피 글씨체로 하나로 모아서 구성으로 형태로 만들어보는 건 어떨까요?

단어의 의미, 전하고 싶은 느낌에 따라 캘리그라피 글씨체의 느낌이 달라진다고 앞에서 설명 드렸습니다. 그러나 여러 문장을 보다보면 서로 다른 의미가 한꺼번에 들어있는 경우가 있어요. 이럴 때, 한 문장에서 여러 느낌을 사용하셔도 됩니다.

하지만 그 의미가 서로 너무 벗어나면 물과 기름처럼 어울리지 못하고 서로 따로 둥둥 떠다니게 됩니다. 그래서 중요 단어는 고유의 느낌을 넣어 사용하되, 연결을 시켜주는 조사의 형태를 조금 절충해서 쓰는 겁니다. 한마디로 표현하고자 하는 느낌을 조금 힘을 빼서 표현하는 거죠. 말로 설명하는 것보다 예시를 보여드리는 것이 빠르겠어요.

아래의 예시와 같이 여러 가지 느낌이 들어있지만, 전체적으로 봤을 때 어색하거나 무엇을 의미하는 모르지는 않습니다. 각각의 의미가 잘 전달되고, 표현되고 있다는 것을 느끼실 수 있을 거예요.

따라서 의미가 다른 중요 단어의 각각의 느낌은 표현하지만, 전체적으로 서로 동떨어지는 것이 아니라, 어울리도록 해야 한다는 것. 이게 중요 포인트일 것 같네요.

한 문장에서 여러 의미를 표현하는 것은 쓰는 사람에게도 엄청난 희열을 가져다줍니다. 포인트 잘 기억하시고 전체를 보시는 시야도 넓히시길 바라요.

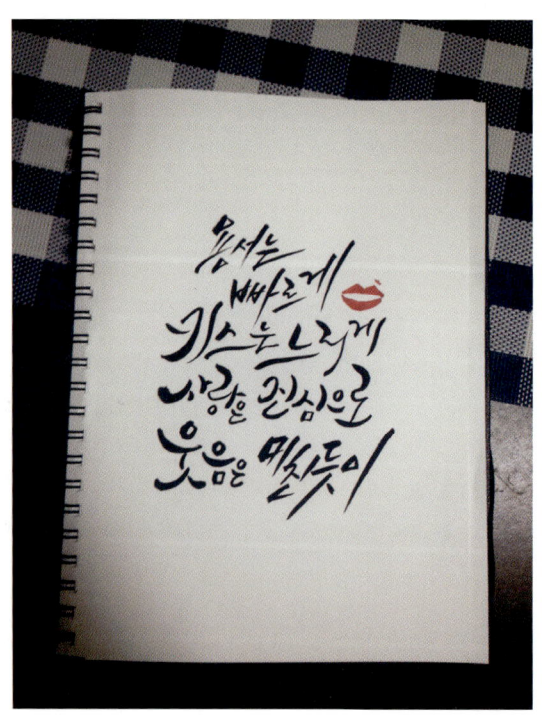

캘리그라피 작품을 구조에 맞춰 완성했는데, 뭔가 살짝 비거나 포인트를 주고 싶을 때 이용하는 방법입니다. 포인트가 될 만한 이미지를 살짝 넣어주는 거죠. 나는 그림은 못 그리는 데, 어쩌지? 라고 생각이 드신다면 추천해 드리는 몇 가지 이미지를 기억하셔서 활용해 보세요! 포인트로 이용 가능한 이미지를 추천해 드립니다.

나의
움직임 표시: 사인

어떤 작품이든 내가 했다는 표시를 하는 것은 상당히 중요합니다. 자신의 프라이드가 생기는 건 물론이거니와, 받는 사람에게도 그 사람을 기억할 수 있는 장치가 되어주지요.

[사인   ] 하지만 항상 인주와 낙관을 챙겨서 찍어주고 하기가 여간 번거로운 일이 아니에요. 그래서 제가 가장 많이 활용하는 방법이 바로 사인입니다. 제 사인은 고등학교 때 만들었는데요, 의미도 나름 있지요.

1. heo su yeon 의 hsy 연결
2. 許秀娟 의 秀(빼어날 수)를 y 의 끝과 연결
3. i = 수학용어로 '허수'입니다. 고등학교 때 친구들이 수연아 보다는 허수라고 많이 불러서 i 도 넣었다.

이렇게 고등학교 때 만들어진 제 사인은 작품 활동을 하게 된 지금도 도장과 인주가 없으면 적당한 곳에 조그맣게 써넣을 수 있는 좋은 표시가 되어 줍니다. 여러분도 앞으로 캘리그라피를 써주고 싶은 곳도, 전하고 싶은 곳, 공개하는 곳이 점점 더 많아질 텐데 그때마다 자신의 사인을 작품 한쪽에 꼭 남겨보도록 하세요. 이 또한 캘리그라피 글씨를 잘 쓰고 못 쓰고 만큼 중요한 부분인 것 같네요.

도장

사인으로도 뭔가 아쉽다면 도장을 만들어 봅시다.

작품을 보면 낙상, 낙관 등이 찍혀있는 경우를 많이 보셨을 거예요. 그래서 도장이 탐나기도 한데, 게다가 내가 직접 새긴 도장이 갖고 싶은데, 라는 마음이 드신 분들이 있었다면 추천합니다.

직접 도장을 파는 거죠! 하지만, 돌이나 나무로 직접 파기에는 너무 전문적인 스킬이 필요하겠죠. 그래서 여러분들께 추천하는 방법은 바로… 지우개를 파는 겁니다! 지우개를 커터칼로 파내서 원하는 글씨를 새겨 도장을 만드는 거죠. 어렵지 않게 만들 수 있어요.

몇 가지 주의할 점이 있으니 함께 살펴보아요.

1. 지우개에 파고 싶은 문구를 스케치 한다.

이때, 주의할 점이 있습니다. 찍혔을 때 바로 찍힐 것을 고려하여 스케치하실 때는 반대로 써야겠지요! 예를 들어, '허'를 새긴다면 지우개에 스케치하는 글씨는 'ㅏㅎ'로 써 놓아서 파야합니다, 그래야 찍으면 바로 나오니까요. 이때, 문구는 이름도 좋고, 이름의 자음만 따도 좋고, 별명, 닉네임 등 어떤 것도 좋습니다.

2. 스케치가 끝이 났다면 커터칼로 스케치한 부분을 파낸다.

3. 파낸 도장을 인주를 이용해 작품에 찍어 본다.

초라했던 지우개와는 다르게 도장이 찍힌 모습은 그럴싸하지 않나요? 이렇게 하나하나 도장을 만들어 작품에 활용해 보세요! 좋은 포인트 + 기록이 될 거예요.

서예붓과 먹물,
물론 추천합니다!

04

서예붓과 먹물로 캘리그라피를 하면, 붓펜보다 조금 더 풍성해진 표현이 가능합니다. 그러나 유용성이나 편의성, 그리고 기초단계를 시작하는 여러분들을 위해 붓펜(pentel GFKP)을 추천해드린 것이구요.
서예붓이 들고 싶으시다면, 붓펜으로 캘리그라피를 모험해보시고 이어서 서예붓과 먹물을 이용해보셔도 좋을 것 같아요.
더 고풍스럽고 시원한 캘리그라피가 가능할 수 있습니다!

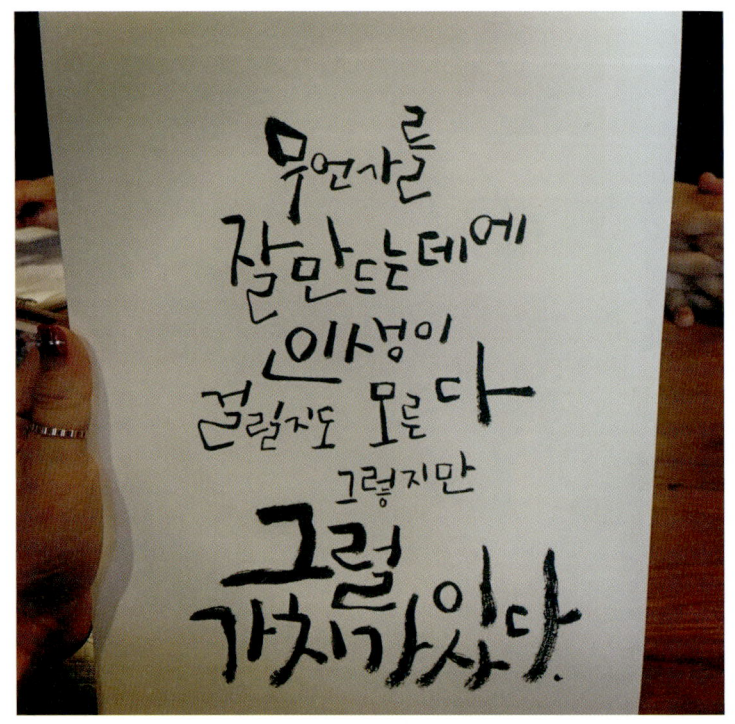

무언가를 잘 만드는데에 인생이 걸릴지도 모른다 그렇지만 그럴 가치가 있다.

어슐러 K.르 귄의 '글쓰기의 항해술' 中 허수연 씁니다.

그럴 가치가 있다면 움직여야죠.
인생도 걸어볼만하죠.

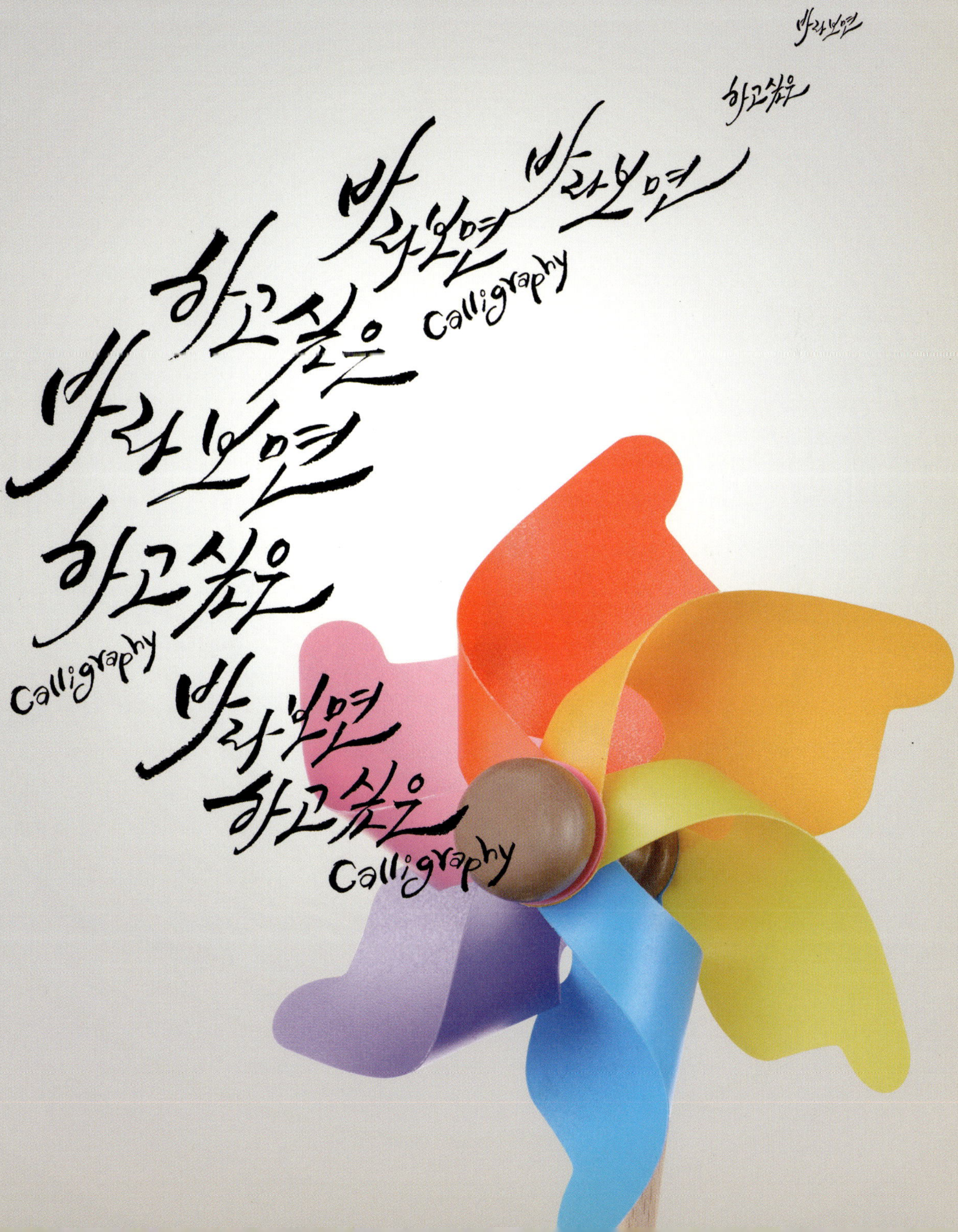

바라보면

하고싶은

바라보면 바라보면

하고싶은 Calligraphy

바라보면

하고싶은

Calligraphy

바라보면

하고싶은

Calligraphy

캘리그라피
갤러리

처음 시작하시는 분들은 다른 사람의 캘리그라피를 많이 보시는 것도 큰 도움이 됩니다. 시야를 넓히고 공감하고 생각하는 과정이 어느 것보다 중요하기 때문이죠. 그래서 많은 캘리그라피 종류의 작품을 준비했습니다. 보시면서 고개를 끄덕이시거나, 간직하고 싶은 것은 직접 써서 활용해보시는 것도 좋을 것 같아요. 무엇보다 캘리그라피를 통해 마음 나누고 싶어 준비한 파트입니다. 함께 하세요.

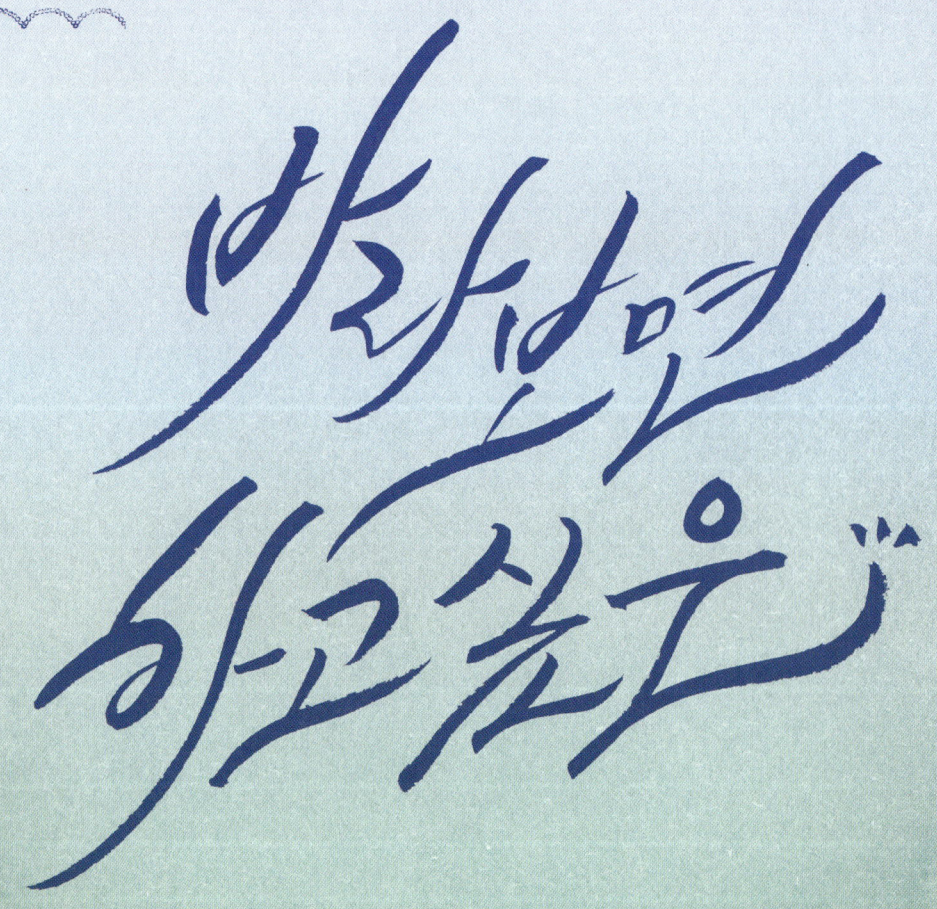

'사랑에 빠지고 싶다' 라는 노래를 듣다가.

울림이 있었다.
일 년이 지나버린 다이어리에
쓱쓱 쓰고 나니
외로움은 더 깊어졌지만,
그 이유가 무엇이었는지는
알게 되었다.

신준모 님의 '어떤 하루' 中 허수연 씁니다.

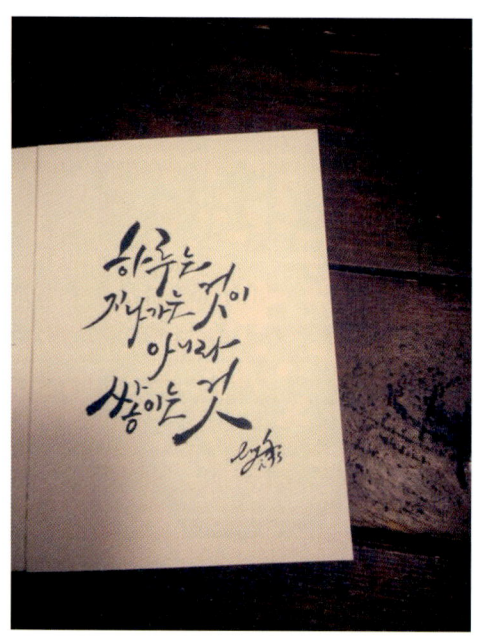

쌓이고 있으니 지나는 것이
결코 아깝지 않아요.

힘든 하루, 오늘도 최면을 겁니다.
정말로. 쉽게 힘들지 않아요.

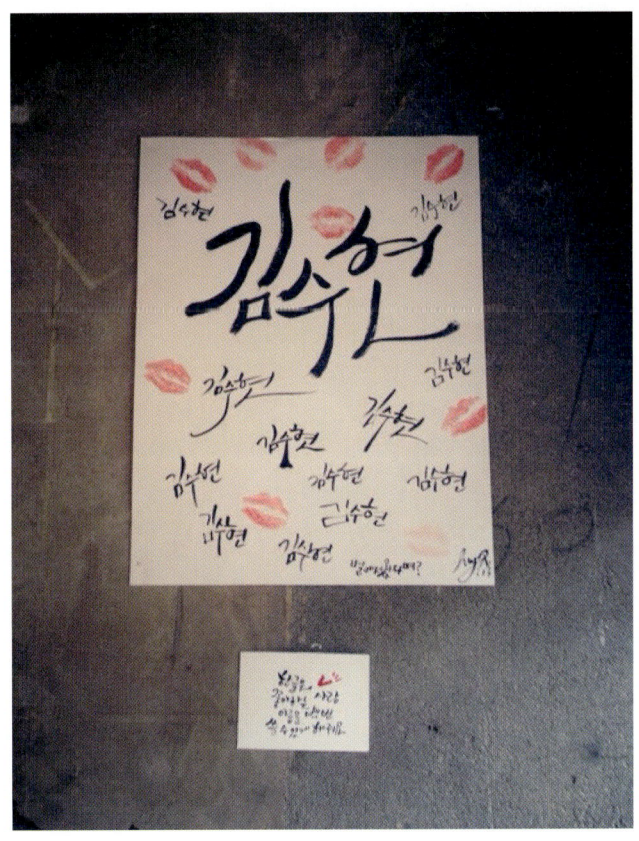

배우 김수현을 참 좋아합니다.
좋아하는 사람 이름 백번 쓸 수 있게 하는 것도,
사실, 캘리그라피의 매력……. (부끄럽네.)

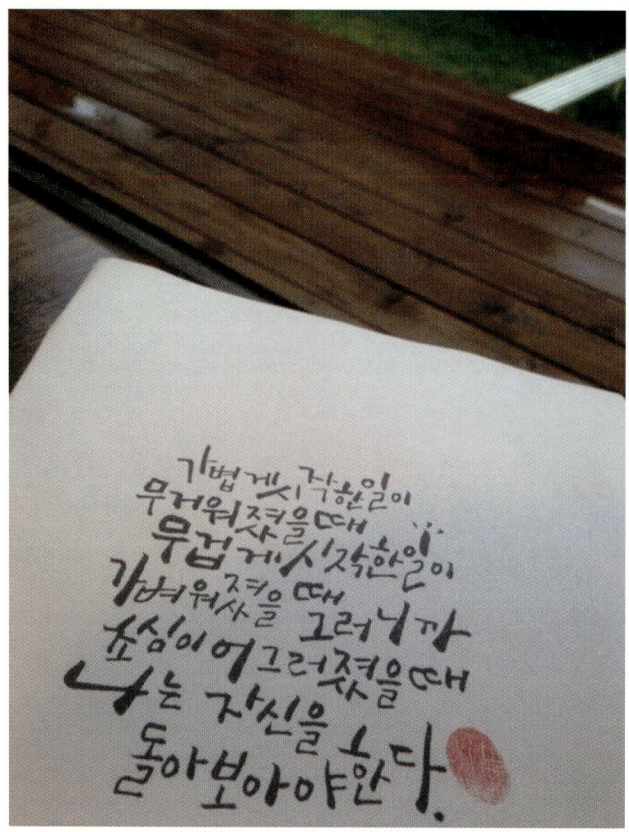

앞으로 쉬지 않고 전진하는 것도 중요하지만,
자신을 돌아보는 것도 참 중요한 일이죠.

초심이라는 것을 잃지 않는 건 중요하나,
초심을 기억하는 것도 참 어려운 일이죠.
어려운 만큼 소중하겠죠.

브라운 아이드 소울의 '그런 사람이기를' 노래 가사 中 허수연 씁니다.

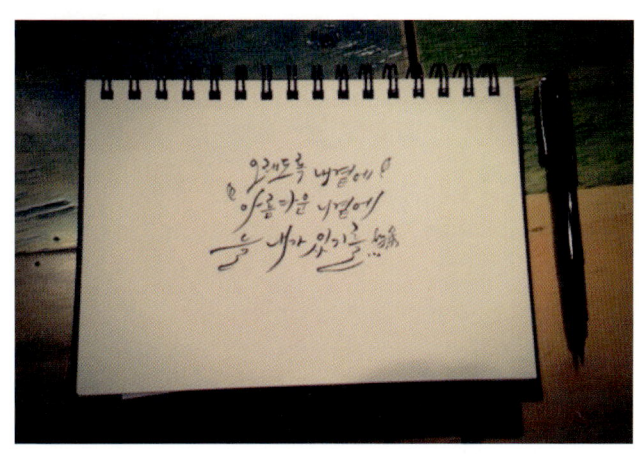

늘 내가 있기를…….

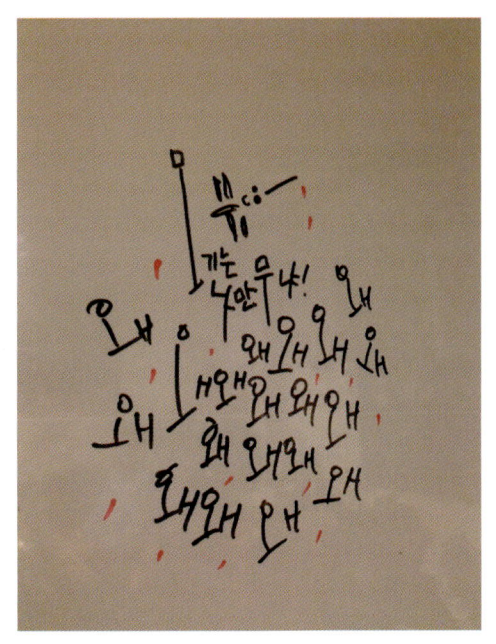

왜 모기는 나만 무는 것 같죠.
내 피가 맛있어서 그런가…….

망소님의 글, 허수연 씁니다.

벗기고 벗겨도 진짜 사랑은
쉽게 변하지도
지치지도 않을 거예요.

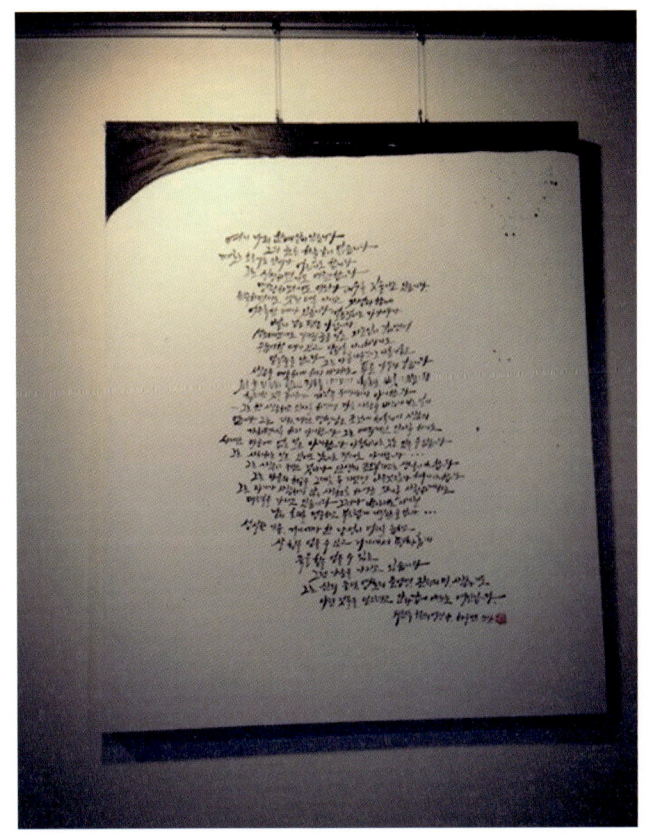

피천득 님의 '구원의 여상' 허수연 씁니다.

제가 참 좋아하는 글이에요.
피천득 선생님의 구원의 여상입니다.
이런 여인이 되고 싶어요.

해주고 싶은 말…….
수고했어, 사랑. 고생했지 나의 사랑…….

섹시한 '라면 먹고 갈래'&천진난만한 '라면 먹고 갈래'

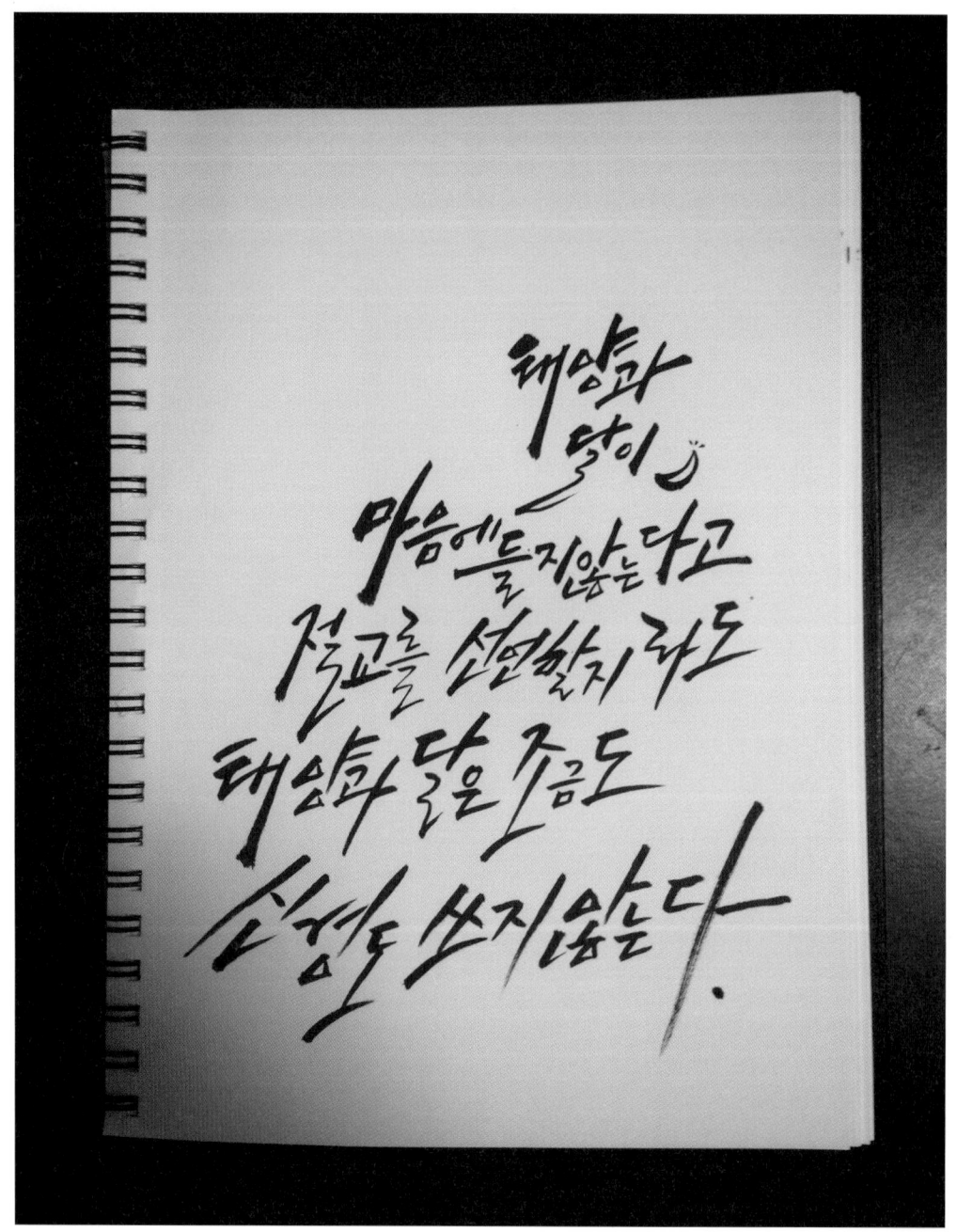

아무리 발버둥쳐도 나는 그저 작은 존재일지도 몰라요.
하지만 그것이 전부이기도 하죠.

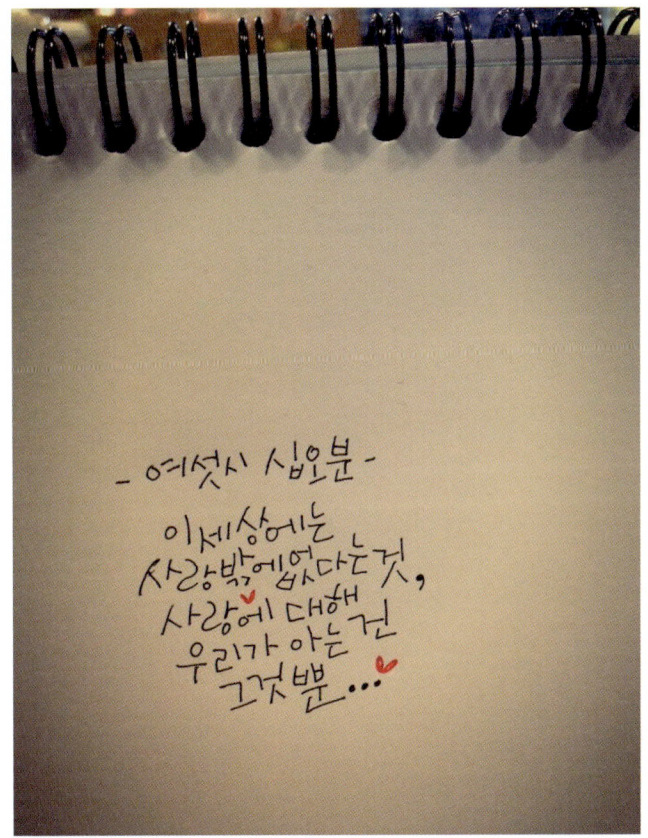

- 여섯시 십오분 -

이 세상에는
사랑밖에없다는 것,
사랑에 대해
우리가 아는건
그것뿐...

에밀리 디킨슨의 글 허수연 씁니다.

사랑 없이 살 수 없었던 그날.

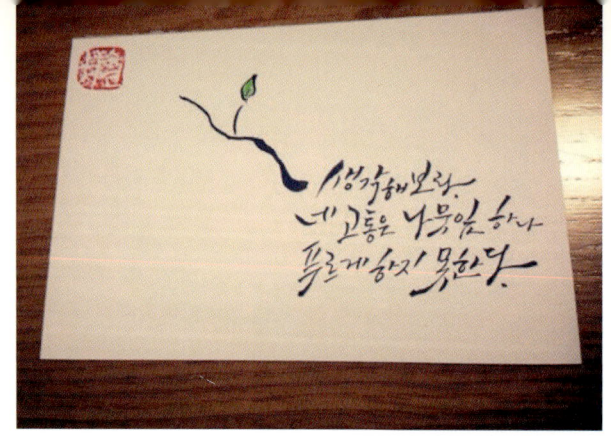

이성복 님의 글 허수연 씁니다.

생각해보니 정말 그래요.

꽃은 시간이 지나도 변하지 않아.

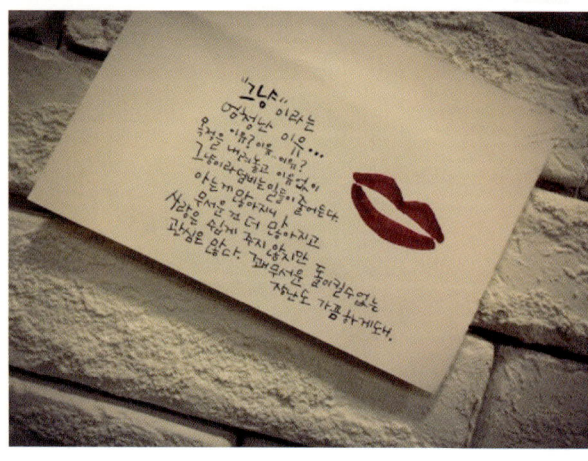

시간이 갈수록
'그냥' 이라는 것이 참 어려워지네요.

이게 이렇게 어려워질 줄은 몰랐어요.

머릿속이 깜깜해지고,
잘 모르겠어도.
나는 할 수 있어요.

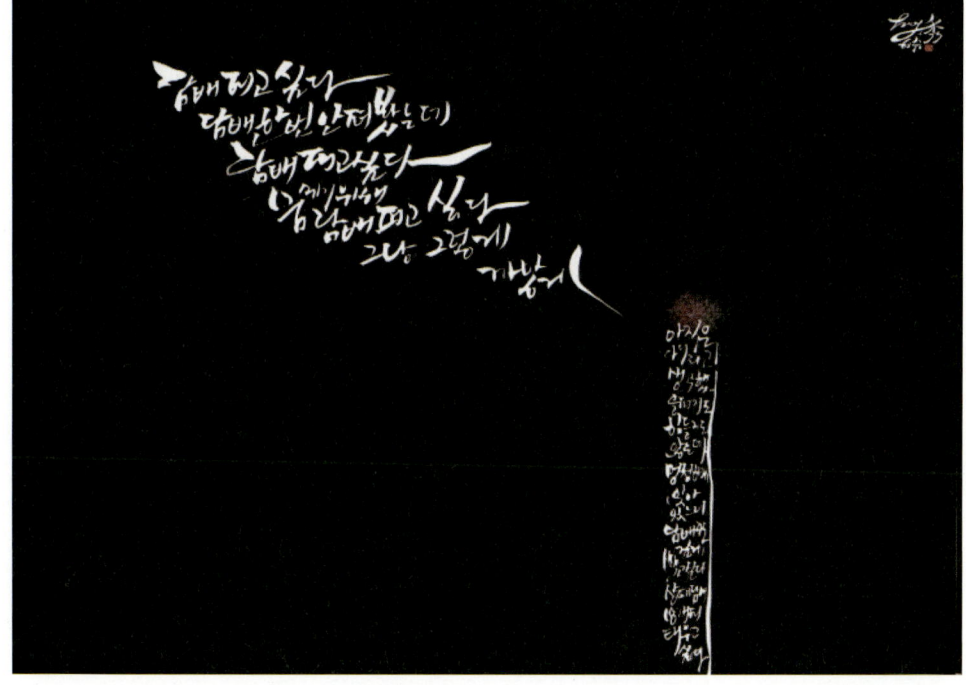

벌써가
벌써가
집에가기 …
싫은데 한잔만더

유난히 달달한 하루가 있더라.

바로 오늘 :)

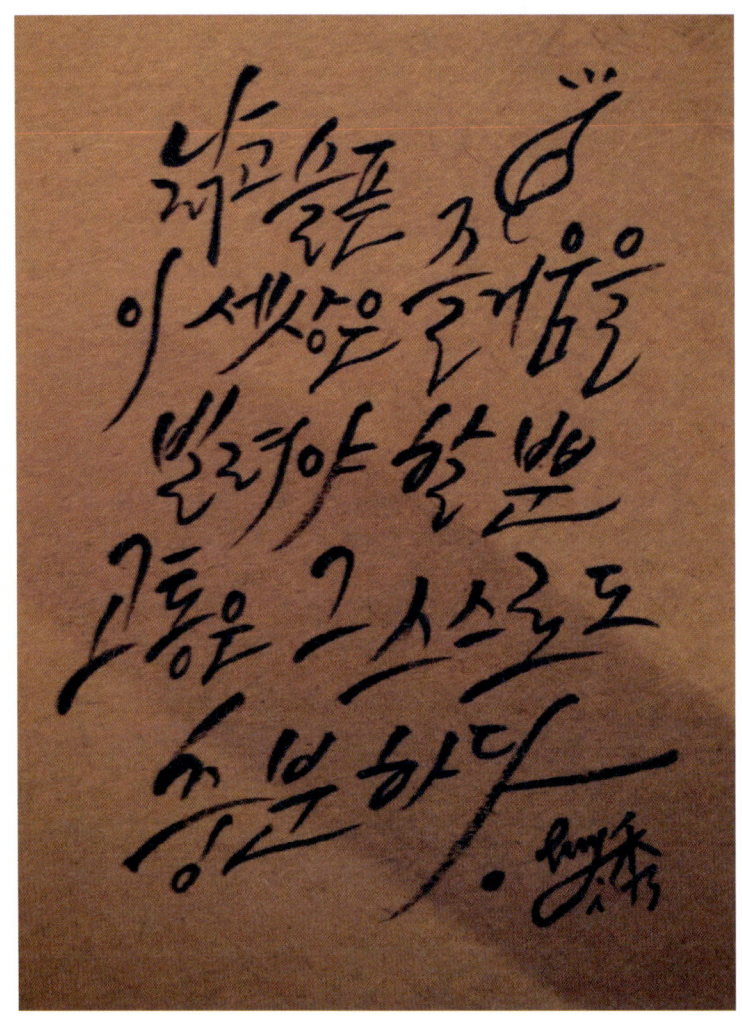

웃고 슬픈 즐거운
이 세상은 즐거움을
빌려야 할 뿐
고통은 그 스스로도
충분하다.

엘라 휠러 윌콕스의 '고독' 中 허수연 씁니다.

가끔은 모두다 인정하고 모두다 놓아버리고
싶을 때가 있어요.

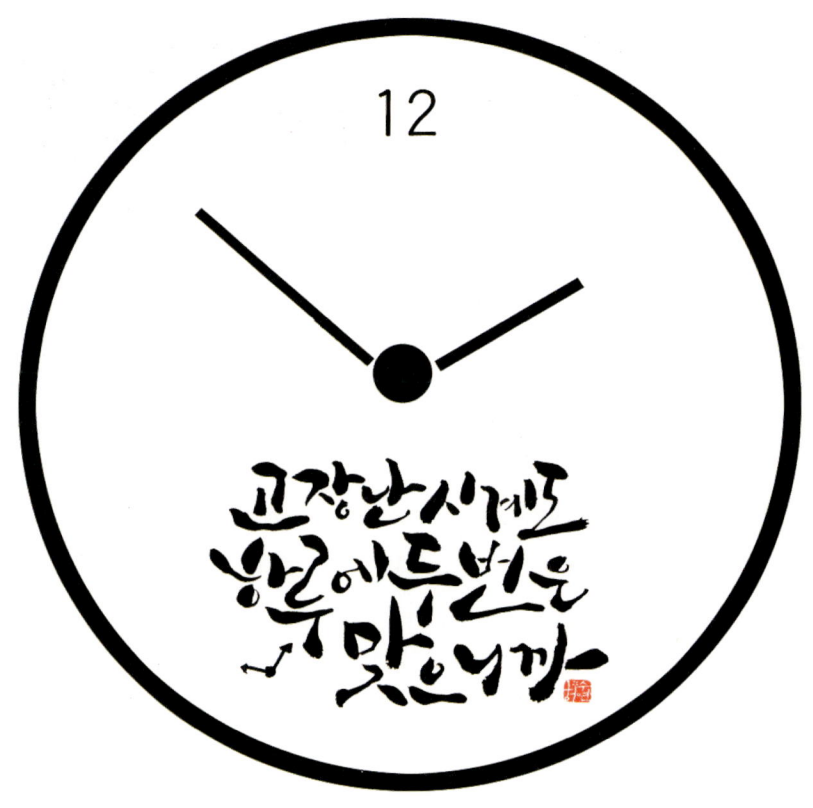

이성훈 님의 소설 제목 인용하여 허수연 씁니다.

그대로 멈춰 있어도 때가 되면
맞을 때가 있었어요.

밸런타인데이엔
이런 장난이 더 매력 있지 않나요 :)

깊은 밤, 친구를 찾아가
수줍게 전했던 에너지 바는
사실 말로는 못할
내 응원이었는데…….

유안진 님의 '기적' 中 허수연 씁니다.

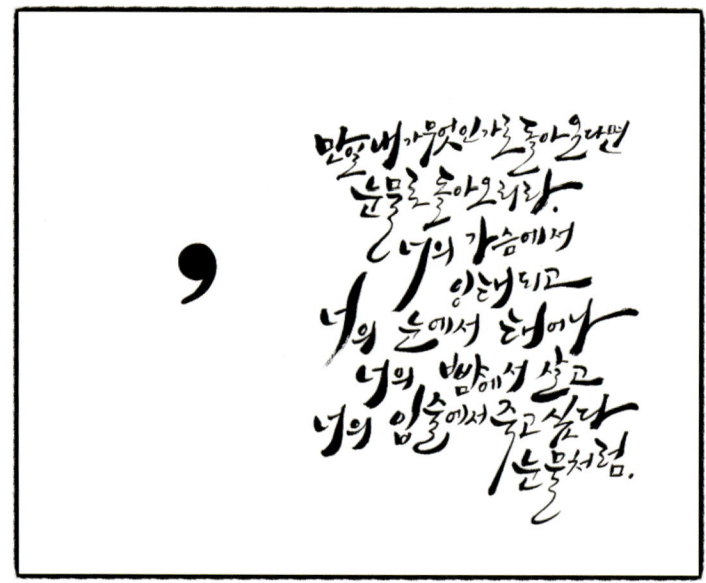

눈물, 작자미상 .

너의 눈에서 태어나 너의 입술을 타고
흐르는 눈물처럼 죽고 싶다.

조금만. 기다려.
대어는 늦게 낚이는 법이니까.

김귀례 님의 '촛불' 허수연 씁니다.

촛불처럼. 이렇게 살고 사라지길
원했던 순간이 있었어요.

HIGH4, 아이유의 '봄 사랑 벚꽃 말고' 노래 가사 中 허수연 씁니다.

아, 붙잡고 싶은 봄

별거 아닌데. 어려운 것도 아닌데
이 말을 전하기 참 어려운 순간이 있죠.

달도 없는 깜깜한 밤에 빛나는 별처럼…….
빛나는 별처럼…….

에드워드 툴레인의 '신기한 여행' 中 허수연 씁니다.

사월과 오월의 노래 '장미' 中 허수연 씁니다.

마주앉은 당신에게 건네고 싶었던 말.

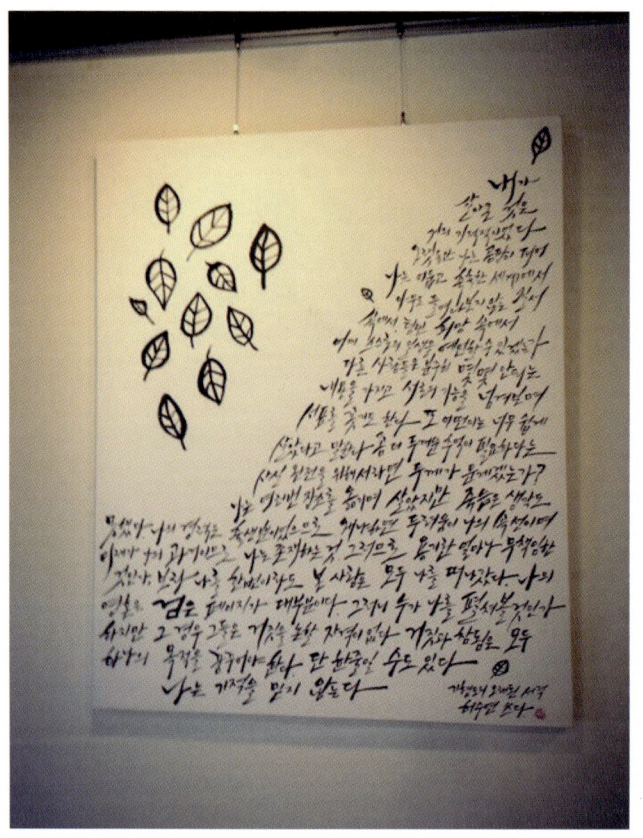

기형도의 '오래된 서적' 허수연 씁니다.

기형도 시인은 많은 것을
주고 가신 듯해요.

눈이 마주칠까봐 기대할 때도,
마주쳐버리면 부끄러울 때도 있었던 기억.

언제부턴가 손으로
빛을 낼 수 있었어요.

사랑하는 애미에게 너가 떨쩌
지집온지 30년이 흘러 버렸구
냐 우리잡 와서고 생도 탕 았지
잡도 잡아 주어서 참으로 고마웠어
오늘이 너의 생일이되어서
내가 몇 자 적어 보았다
생일 축하한다 영원히 너를 사랑
한다

오십이 넘어 한글공부를 시작하신 할머니께서
올 엄마생신 때 손수 적어 전하신 편지.
몇날동안 쓰고 또 쓰셨다며.
처음으로 볼펜으로 썼다는 할머니의
고백에 우리는 마음의 허리를 숙였다.

사랑한단 말...
만번도 넘게 백년도 넘게
남았는 데 그렇게 운명으로 우린
악연이라해도
인연이라 해도 우린...

그대는 나에게 끝없는 이야기
간절한 그리움. 행복한 거짓말
은밀한 그 약속 그 약속을 지켜줄
내 사랑.

너만을 사랑해 너만을 기억해
너만이 필요해 그게 너른 말야
너만의 나이길 우리만의 약속
그 약속을 지켜 줄 내사랑♡

- 내 오랜 사랑에게 -

이승환 님의 '어떻게 사랑이 그래요' 노래 가사 中 허수연 씁니다.

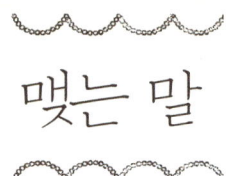
새로운 시작에
마음을
보탭니다

책을 쓴다는 것은, 참 생각을 많이 하게 했습니다. 처음엔 가슴이 벅차고 마음이 무거워지기도 했습니다. 마치고 나니, 잘 전해질까 설레는 마음이 커졌습니다. 진심을 담으려고 노력했습니다. 내가 했던 방법, 알고 있으면 좋은 것들, 생각하게 할 수 있는 것들을 고민해 담으려 노력했습니다.

제 이야기만 하는 것도, 없는 얘기를 새로 만들어내는 것도 아니라서 더 고민하고 정성 기울여야 했는지도 모르겠습니다. 이 책을 보시는 분들 하나하나 붓을 움직이는 매력을, 글씨에 감정을 담는 마력을 만나실 수 있으면 좋겠습니다. 앞으로도 더 많이 고민하고 더 많이 생각할 것입니다. 그 안에는 여러분들도 분명 계실 것 같습니다. 이 책 안에서의 움직임 오래오래 기억하겠습니다. 강의로 만날 수도, 서점에서 만날 수도, 길에서 우연히 만날 수도, 새로운 인연으로 만날 수도 있겠지만, 하나하나 소중하고 오래 기억할 것이라는 것 약속합니다.

함께 도와주고 고민해줬던 나의 소중한 사람들. photographer Yonomi 그리고 북아트 작가 이도 님, 처음부터 끝까지 응원을 아끼지 않은 이유준 님께 특별한 감사를 전합니다. 집에서 만나기가 어렵다며 속상해하셨던 할머니, 아빠, 엄마, 내 동생 원회 고맙습니다. 더불어, 책이 나올때까지 함께 기대하며 기다려주신 모든 여러분께 고마움을 전합니다.

마음 다해 고맙습니다. 책 안에서, 또 책 밖에서 여러분의 캘리그라피 움직임을 응원합니다. 고맙습니다.

봄이오면 …
더많이생각날것
같습니다.

봄볕이 샛노랗게 물든 것처럼,
마음속의 아픈 노란빛도
똑같이 물들어가는 것 같네요.

잊지 않겠습니다.

느낌별로 움직이는 생활 손글씨

허수연의 라이프 캘리그라피

1판 1쇄 인쇄 2015년 05월 01일 **1판 1쇄 발행** 2015년 05월 05일
1판 4쇄 인쇄 2018년 04월 25일 **1판 4쇄 발행** 2018년 04월 30일

지 은 이 허수연
발 행 인 이미옥
발 행 처 디지털북스
정   가 18,000원
등 록 일 1999년 9월 3일
동록번호 220-90-18139
주   소 (03979) 서울특별시 마포구 성미산로 23길 72 (연남동)
전화번호 (02) 447-3157~8
팩스번호 (02) 447-3159

ISBN 978-89-6088-159-4 (13000)
D-15-08